ひとりにならない

横道誠

ひとつにならない　発達障害者がセックスについて語ること

はじめに

セックスについて思いかえされるのは、いつも残念な場面ばかりだ。

相手と良い雰囲気になってくると、気を許してしまい、いかにも自閉スペクトラム症（ASD）者らしく、心をこめてふだん熱心に考えていることをダダ漏らしにしてしまう。

「私は映画監督のゴダールが大好きなんですが、そのフラッシュバックの手法にいつも死の肉薄を感じて、ときめくのです。私も死のようなフラッシュバックを常態的に感じているからこその愛好ですが、それはさておきそのゴダールが、自殺幇助で亡くなってしまいました。どうやったら日本でも自殺幇助や積極的安楽死の制度を導入できるのかというのが、いまいちばん興味のあることです」とか、「いろんなゲテモノ料理を食べたことがありますが、ミミズが昔から気持ち悪くて、これを使った料理だけは食べられる気がしません。南方熊楠《みなかたくまぐす》は子どものころにミミズが怖かったのに、教師にたしなめられて、日課として毎日のようにそれに触るようになって、克服したというから、非常に尊敬を感じています」などと熱心に語ってしまうのだ。大抵の人は、うんざりしてしまう。

学部時代につきあっていた相手とは、日中に一〇時間くらいラブホテルに入ることがよくあった。これはベッドにいると、やおら相手を愛撫したくなる衝動が湧いてくるからで、しかしながら挿入したらあっという間に射精するので、前戯に五時間くらいかけ、そのあとも後戯に同じく五時間くらいを費やしてしまったからだ。注意欠如・多動症（ＡＤＨＤ）があると、少し時間が経てば、いまやっていることに飽きてしまうのだが、しばらくすると謎の手が私の脳内のスイッチを勝手に入れて、衝動的に多動になり、しばらくすると謎の手が私の脳内のスイッチを切って、飽きてしまうのだが、またしばらくするとスイッチが入って……と延々と終わらなくなる。

四〇歳で発達障害の診断を受け、過去のことを振りかえるにつれて、これまで謎だった、自分のさまざまな言動が解けてきた。恋愛に発展しそうなコミュニケーションが発生しても「空気を読めない」し、性交渉の場面で、奇妙なことに「こだわり」を発揮してしまう。というのも、自閉スペクトラム症があると、標準的なコミュニケーションが困難になって、一般的には理解されにくい嗜好に支配されるからで、注意欠如・多動症があると、注意が拡散したり、衝動的に行動に出たり、過剰に動き過ぎてしまうからだ。

性交渉では、他者と出会い、生身の自分をさらけだして（どの程度かは、その人自身にも、そのつどの相手にもよる）、仲を深めていき、一緒に気持ち良くなるための擦りあわせが必要になる。それは発達障害者にとって、もっとも苦手なことの集合体といえるかもしれない、と私は考える。おまけに、発達障害者にはジェンダーやセクシュアリティの揺らぎを抱えている者が多くいて、それが状況を余計にややこしくする。

定型発達者（発達障害がない人たち）から見れば、私たちの挙動は奇行まみれに見えるだろう。実際、私はいまでも――性に関する場面に限ったことではないけれど――貴公子ならぬ奇行士だ。

しかし、思えばおかしなことではないだろうか。性の問題は非常に切実なはずなのに、しかも発達障害に関する本は世にあふれるほど出ているのに、「障害者と性」はタブー視されがちで、発達障害者の性行動について詳しく掘りさげた本はほとんど見当たらない。はたして、仲間のみんなはどうしているのだろうかという真剣な思いから、そして、もちろん多少あった単純な好奇心からも、この企画は始まった。

本書では、八名の発達障害者にインタビューを仕掛け、彼らが自分の人生で体験したセックスに関するさまざまな逸話を全体像として語ってもらった。フタをあけてみれば、つぎからつぎへと、いろいろな話が飛びだした。同じく発達障害者の私でも、「なんでそうなるの?」と驚いてしまうエピソードがいくつもあった。なかには、読者のみなさんにとって、いささか不愉快に感じられる証言も紛れこんでいるかもしれないから、フラッシュバックに心配があるかたは、注意してほしい。彼ら彼女らの行動には、ときに一般常識、倫理、法律を逸脱している面がある。一方で、彼らは、いや私たちは、しばしば不当な被害や暴力の被害者でもある。本書では、聞かせてもらった話をできるだけありのままに記すように心がけた。私は仲間の話に感動しつづけたし、読者もそうであってくれたらと願う。彼ら彼女らは、私たちは、みな「サバイバー」なのだ。同じような苦しい人生を体験したことで、命を絶ってしまった人も無数にいる。その意味で本書はひとつの鎮魂歌でもあることを理解していただきたい。

発達障害は、近年「脳の多様性」の問題だと言われている。読者は読みながら、「人間の脳とはなんと多様なのか」と、「そして、セックスもなんと多様なのか」と思ってくれると期待する。

脳もセックスもいろいろだ。だから、ひとつになんかならないし、なれないのだ。

序章

横道誠のヰタ・セクスアリス

私の性の目覚めは、小学四年生のときだった。私は男性同士のものであれ、女性同士のものであれ、同性愛に関する創作物に惹かれていた。マンガやアニメなどでそれらに関する描写を見ると興奮した。夜、ベッドのなかで股間をまさぐると気持ちが良いことをなんとなく覚えて、毎晩オナニーをするようになった。コミュ障なので、小学校、中学校、高校と恋愛関係に発展するような人間関係は何もなかった。毎日マンガやアニメを摂取して、せっせとオナニーに励んだ。そのうち、小説のなかで性描写に接すると、絵がないためにかえって想像力が刺激され、より興奮しやすいことを理解していった。そこで小説を多く読むようになった。やがて直接的な性描写だけでなく、登場人物同士のコミュニケーションの場面や、美しい風景を活写した記述などにも味わい深い官能性を感じることができるようになり、文学作品のさまざまな描写にうっとりするようになった。

学生時代から二〇年少しのあいだに何人かのヘテロセクシャルやバイセクシャルの女性と交際したが、ほとんどの相手とは長続きしたことがない。ホモセクシャルの男性とも交際した（というか一夜限りの関係を持った）ことがあるが、そこから学んだのは、私は、現実の人間関係では九割ほど異性愛志向、一割ほど同性愛志向の両性愛者なんだな、という実感だった。オナニーをするときには、八割ほど同性愛志向（男同士でも女同士でも）、二割ほど異性愛志向なので、人間というのは不思議な生き物だと感じる。

二八歳で大学教員として働きはじめて、二九歳で常勤職を得た。発達障害者が人生のどの段階で「壁」を体験するのかは、当事者ごとにだいぶ異なっている。早ければ三歳児検診で引っかかり、療育を受けることになる。それを通過しても、小学生で、中学生で、高校生で、大学生で、就職時に、あるいは就職後に、主婦となってから、中年の危機を迎えてから、といろんな段階で「壁」を感じて診断を受けることになる。

私の場合には、子ども時代からずっと生きづらかったものの、深刻な危機を迎えたのは就職後すぐだった。学生時代は、「生徒や学生としての人生」が自分に合っていないのだろうと思っていて、就職すれば問題は解決するはずだと漠然と期待していたのに、実際に常勤で働くことになると、「労働者としての人生」のほうが、はるかに自分に「合って」いないことを知った。何度も鬱状態と小康状態を繰りかえして一〇年ほどを生きていたが、四〇歳のときについに休職することになってしまった。一度休職すると、復職しても何度も休職を繰りかえすと聞いたことがあったので、「これは徹底的に自分を再点検したほうが良い」と考えて、以前から疑っていた発達障害の検査を受けた。そして晴れて(?)、自閉スペクトラム症と注意欠如・多動症の診断を受けた。

発達障害は投薬や手術で治したりすることはできないから、いまの日本では発達障害者のための自助グループ活動が栄えている。仲間同士で語りあって、どうやったら生きづらさを減らせるか、知恵を出しあっていくのだ。私自身が主宰する自助グループでは、「当事者研究」を導入している。当事者研究とは、疾患や障害の当事者が、自分の苦労の仕組みを類似した、あるいは同一の疾患や障害を持つ仲間と研究し、生きやすさをめざしていくという精神療法だ。私は自助グループを運営しつつ、ツイッターを中心に形成されている「発達界隈」でも人脈を広げ、本書でインタビューした仲間たちと出会うことができた。発達界隈とは発達障害者や、自分がそうではないかと疑う未診断者、当事者の親や支援者が集まるコミュニティのことだ。

右に述べたような性質を持つ当事者研究は、学術的(アカデミック)な研究とは別物なのだが、この精神療法を自分のやっている文学研究と結びつけ、文学研究という分野をエスノグラフィー（フィールドワークの記録）と合成し、拡張できるのではないかという夢想も私の心に宿るようになった。本書を進めるにあたって、そのような学問的な関心も私を駆動していたことは記しておきたい。

発達障害者に世界はどう見えるのか？

自閉スペクトラム症があると、定型発達者とは認知のありようが異なる、ということを説明した論文が、これまでにいくつも発表されてきた。「普通の人」（＝定型発達者）とは感じ方が違っているため、自然と考え方も「普通の人」からすると独特に、少なくとも独特に見えるものになってしまう。逆に、自閉スペクトラム症者同士だと、感じ方が似ているわけだから、考え方も近い人が多い。とはいえ、「ほんとに同じ自閉スペクトラム症者なのか？」と訝《いぶか》しくなるくらい個性が隔たっている例も稀ではなく、名称のとおり、この障害の現れ方は「連続体」（スペクトラム）のように幅があって、特性ごとに濃淡がさまざまなことに驚かされる。

そのように多種多様な特性の現れ方は、性愛に関する行動にも影響を与える。一口に発達障害者といっても、その性行動は当事者ごとにずいぶんと様変わりする。本書では、その具体的な実態に迫ることをめざした。

自閉スペクトラム症者のコミュニケーション様式は、定型発達者に異様な印象を与えることが多い。何よりも、「空気が読めない」と非難される発言を連発してしまうことにかけて、私たちは天才級の腕前を発揮している。性交渉を促すような「ムード」を、私たちは特撮映画の怪獣たちのようになぎたおして破壊していく。その「空気が読めない」性質は、非言語的コミュニケーションによる判断能力が乏しいことにも関係があるだろうし、「こだわり」によって起きている面もある。「こだわり」が、大き過ぎる死角を作りだすからだ。

私の場合、いざデートで出かけて、「なんとなくいい雰囲気」になってくると、もっと親密になろうとして、本書の「はじめに」に書いたように、自分の興味のあることを熱烈に語り過ぎてしまう。じつに、「発達障害者あるある」な現象といえるだろう。二〇二二年に話題になったネットフリックスの韓国ドラマ『ウ・ヨンウ弁護士は天才肌』で、主人公のウ・ヨンウが興奮してクジラやイルカの話を延々と語り始める場面が何度も描かれていたが、あれと同じ現象なわけだ。ドラマのなかでは、ヒロインのクジラ話をいつもほほえみながら熱心に聞いてくれるイケメンの彼氏が登場するが、現実はこのドラマのなかで描かれたよりも、ずっと厳しい。

この自閉スペクトラム症の「こだわり」について、私としては反論したい思いもある。というのも、定型発達者には自閉スペクトラム症とは逆に、社交への「こだわり」、空気を読もうとする「こだわり」があると言えるからだ。自閉スペクトラム症だけに「こだわり」を指摘するのは、多数派から少数派を見た際に、数の優位を理由として正常か異常かを一方的に決めつける行為で、きわめて不公平な見解ではないだろうか。でも、私のこの反論は多数派こそ普通、と素朴に信じる大多数の人にはなかなか受けいれてもらえないかもしれない。

精神疾患に関して現在の診断基準を与えている『精神疾患の診断・統計マニュアル第五版』(DSM-5、医学書院、二〇一四年)を読むと、自閉スペクトラム症に備わった感覚過敏や感覚鈍麻《どんま》も、「こだわり」の一環として説明されている。自閉スペクトラム症者は、五感などが平均よりも顕著に繊細だったり、逆に鈍感だったりする。これは、一部の知覚が平均よりも鋭いために、そちらに感覚全体のリソースが割かれて、逆に別の知覚が平均よりも鈍くなっている現象だと考えられる。

無垢で愛らしい印象を与える自閉スペクトラム症者は多いが、ちょうどそのようなタイプを体現したウ・ヨンウ弁護士が、周囲の定型発達者が我慢できる程度のうるさい音に、不思議なくらいおびえる様子を見せ、握手やハグといった身体への接触を疎んで、顔を歪めながら避けるようとするのは、自閉スペクトラム症の繊細な感覚世界をよく表現している。他方で、周囲の人々や視聴者の私たちが容易に気づくことでも、彼女だけが気づかないさまも好んで描かれる。これは、そういうリソース配分が標準とは異なるという原因を背景としている面があるだろう。

私はここでも主張したい。定型発達者の感覚を「普通」なものとして、つまり基準値として設定するから、自閉スペクトラム症のある感覚が「過敏」だとか別の感覚が「鈍感」だとかいうふうに見えてしまうわけなのだ、と。自閉スペクトラム症者の側から見れば、自分の固有のあり方こそ基準になるわけだから、つまり「普通」なわけだから、そういう感覚の相違にも配慮がほしいのだと主張したい。でも、その理屈は世間ではなかなか通用しない。私たちは「この服の肌触りが気持ち悪い」とか「この料理の味は不快だ」とか「この場所は騒がしくて頭がおかしくなる」といった率直な実感を表明しては、「わがまま」と見なされことになる。

そんな私たちだから、セックスの現場でも厄介なことがつぎからつぎへと押し寄せてくる。私の場合は、触覚がきわだって繊細なので、性器の挿入と摩擦はおそるおそるやるしかない。性器のサイズは平均よりも小さいから、性交する相手から

「小さくて、のろのろで」としょんぼりされてしまう。奇妙なことに、「女性の気持ち（正確に言えば性交痛）がわかる優しい人なのね」と誤解される場合もあるけれど、実際には私は「自分の感覚にひたすら忠実な人」に過ぎない。また若いころは早漏で、挿入して摩擦したら一分も経たずに射精していたものの、のちには一五分くらい摩擦しても射精しなくなった。つまり遅漏になった。感覚過敏から感覚鈍麻に移行したのは、知覚の配分のリソースが変化したのか、たんに若者から中年になったから、つまり老化の結果なのかは、わからない。

性に関する私の困りごとはいくらでもある。ある種の自閉スペクトラム症者は他人の「キャラ」から影響を非常に受けやすく、それらを内面に取りこんでしまいがちなために（私はギリシア神話に登場する複数の動物の合成獣の名を取って「キマイラ現象」と呼んでいる）、誰かと会話をしていると、複数の人格が混線状態に陥ってしまうことが稀ではない。注意欠如・多動症に起因する困りごとも、負けていない。多動や衝動には、いつだって振りまわされてきた。コンドームを買い忘れたとか、ホテルを利用したら、必ず何かひとつは部屋に置きわすれて帰ってくるとかだ。こまかく記憶を語れば際限がなくなる。

発達障害者の等身大の生活を聞き書く

一般的に「障害者の性」の問題はタブー視されがちだ。

私の最初の本『みんな水の中』（医学書院、二〇二一年）は、身体障害者の性愛と排泄をテーマにした熊谷晋一郎さんの『リハビリの夜』（医学書院、二〇〇九年）に非常に影響を受けているのだが、私はその熊谷さんの本を感動しながら読みつつも、熊谷さんでさえ、どこまでもオナニーの話も性交の話も避けとおしたことには、どうしてもモヤモヤとしてしまった。

ほかの「障害者と性」に関する本を読んでも、記述は多くの場合、良くも悪くも教科書的というか、なまなましい核心部分をぼやけさせるように書いてしまっていて、そのような慣習に疑問を感じてきた。

あるいはそれは、私が文学研究者として、そしてさまざまな意味で極端な性質を持つ文学作品の愛好家として、激しい性描写などにも芸術的な感銘を受けてきたことが大きいのかもしれない。第二次性徴期の体の変化に関する話題だったり、恋愛面の悩みごとに関する心構えの助言だったりの先にある、性行動に関する本を私は読みたかった。そして、満足できる本がなかったので、自分で作ることにした。その思いが、本書の企画として現実化している。

しかし本書は、人間の性愛の側面に光を当てることだけに汲々としているわけではない。性愛に関する話題を通して、それぞれの当事者の人間としての全体像が見えてくるような本でもなければならないというのが、私の一貫した信念だった。その思いに導かれて、本書は形成されていった。なかには重たく感じる話題もあるかもしれないけれど、発達障害者のリアルを、俗っぽい「下ネタ」話になることを恐れずに、そして人間らしい欠点やそれを克服しようとする逞しさを含めて、いきいきと描くことは発達障害者たちの等身大の姿を提示するうえで最良の方法だと信じている。

本書には、自助グループで知りあったり、発達界隈で交流してきたりした人々にインタビューを依頼した。

当初困惑したのは、「ぜひこの人に」と依頼した親しい仲間から、つぎつぎと丁重に断られてしまったことだ。私の真剣な思いが伝わなかったのは残念至極だが、とにもかくにも「発達障害者のセックスに関するインタビュー集」という趣旨説明が、想定を超えて反発を受けた。もちろん私は、闇雲にオファーを出したわけではない。むしろ仲間内で、夜の時間帯などに、積極的に性に関する話題を冗談として語っている人たちに依頼したのだ。だから、「ノー」という返事が重なったことに、呆然とした。

私はさまざまなことを思案した。彼らは私と親しいから、それだけに自分のもっともプライヴェートでセンシティヴな問題について語るのをためらっているのかもしれない。発達障害者は性に関して明け透けに語ることも多いけれど、その明け透けさを非難される経験も自然と多くなるから、逆に自分の言動に規制をかけようとする思いが強まっている人は珍しくない、とも考えた。発達界隈では、発達障害者の独自の価値観を追求している人はむしろ稀で、定型発達者から見られた姿を内面化して、自分自身の自然なありようを責めさいなみ、「普通」に見られることの競いあいをしている場面も多いから、それでこの企画には抵抗感があるのかもしれない、とも思った。

私は思いきって、この企画に乗ってくれる人を募りたいと明記したオンライン会合の場を設定して、仲間たちに呼びかけてみた。すると、今度はつぎつぎに手をあげてくれる人が押しよせてきた。私が以前から親しく交流してきた人で、性についての話題を口にするのを見たことがない人も含まれていた事実に安心した。なるほど、そういう話題をふだんは仲間内で語りながら、出版することには抵抗を感じる人もいれば、逆に日常ではそういうことを口にしなくても、どこかの機会で大々的に告白したいと思っている人もいるわけだ。そうして私は、本書のインタビュー対象者たちを選びだしていった。

今回の企画で、発達障害者は歯に衣着《きぬ》せぬ人ばかりでも――そうでない人は、そうでなくなるように、つまり「普通の人」へと擬態するために努力を重ねてきた苦労人たちだ――性に関する話題は私たちの日常生活で強くタブー視されているから、発達障害者であっても、どういう場面でも遠慮せず口にする人というのは、きわめて少ないことを改めて理解した。

しかし、いったん自己開示に同意してくれたら、さすがはシンプル志向を好む発達障害者、「そこまで話してくれるとは？」と驚くほど大胆な話を果てしなく開示してくれて、私は話を聞きながら大笑いしたり、つらい体験に同情して顔を歪めてしまったり、身につまされて黙りこんでしまったりした。

インタビューを通じて、ある種の清々しさが、つまり人間というもののおもしろさと崇高さが私に浸透してくるようになった。本書を読むうちに、読者のみなさんも、独特の清涼感を味わってくれるとうれしい。

対話で浮遊、混濁、惑溺していく意識

コロナ禍の状況と、ＳＮＳを通じて知りあった仲間が日本各地に点在しているという事情から、取材はオンライン会議サービスを使って進めた。第一章から第七章までは、世間的には無名の人たちだけれども、発達界隈でも、ふだんから「発達仲間」たちに衝撃を与える言動を放ってきた当事者たちが登場する。第一章では、発達界隈の仲間のあいだでも「生き急いでいる感」の強さが衝撃的だった白髪葱さんについて書く。第二章では超絶モテ男だった青さん、第三章では多重人格者のしぇるどんさん、第四章では果てなき当事者研究に打ちこんできた鷹村了一さん、第五章ではセックス依存症に苦しんだ唯さん、第六章では某カルト宗教の教団施設で生まれ育ったぷるもさん、第七章ではいかにも発達障害男性らしい非モテを体現する数独さんが、それぞれ自分の人生と性体験を語る。第八章では、本書で唯一の「有名人」として、発達障害を含めた「生きづらさ」に光を当ててきた著述家の姫野桂さんが登場する。なお彼らの名前についてだが、姫野さんのみが本名で、ツイッターのハンドル名を申告してくれた人もいれば、本書のために新たに仮名を提案し

てくれた人もいる。またプライバシー保護のため、取材者に承諾を取り、内容を一部変更したことも付けくわえておく。

本書のテーマは発達障害の性愛だけれど、「障害者同士の対話」の実践だということにも、ぜひ注目していただきたい。

仲間の話を聞きながら、そして聞いた内容を整理しながら、私は浮遊しているような、混濁しているような、惑溺しているような、解体していくような感覚を何度も味わった。私は性行為の場面でも、いつもその自分が浮遊《ふゆう》しているような、混濁《こんだく》しているような、惑溺《わくでき》しているような、解体していくような感覚を味わってきたから、彼らの話にもそのような感覚を過剰に読みとってしまったのかもしれない。しかし、読者がその独特の感覚を共有してくださるならば、とてもありがたいと思う。私たちはひとつになりたいと思うときもあるけれど、実際にひとつになることはない。むしろ、ひとつになってはいけない。

担当編集者のマサリさん（島村真佐利さん）は、私が書いていく原稿を読んで、「とても不思議な気分になります。『エヴァンゲリオン』の人類補完計画ってこんな感じなのではと思いました」と指摘してくれて、そのように言ってもらって、私も「なるほど、そういうことだったのか！」と思いいたった。液体状の時空のなかで、相手とつながって一体になるような瞬間をたしかに得ながら、ついにはそれが実現せず分離し、むしろ自分のくっきりした輪郭を取りもどすような着地点に収まってゆく。本書は私にとっては人類補完計画でもあったのだ。願わくば、読者たちもその人類補完計画の感覚を、少しでも共有してくれんことを。

本書は気安く言えば「下ネタ」に関する本ということになるけれど、読者はこの本のなかで、「人間とは何か」という実存的なテーマに直面することになるはずだ。

第一章

パンセクシャルの白髪葱さん

自閉スペクトラム症の最大の特性として、強烈な「こだわり」をあげることができる。たとえば私は青という色が好きなのだが、その選好は度を越していて、うっかりすると部屋に置いてあるものが青だらけになっていく。水色の容器の洗剤を買い、空色の缶のコーヒーを買い、藍色のカヴァーをかけた本を読み、群青色のシーツの布団で眠る。

強烈な「こだわり」は、他者を含む周囲の環境と摩擦を起こしやすく、自閉スペクトラム症者の生きづらさの原因のひとつにもなるが、他方、その独特なこだわりゆえに、自閉スペクトラム症の個性は、類いまれな輝きを放っていると見ることもできる。

ツイッターで「白髪葱」を名乗る彼女にも、強烈なこだわりが備わっている。「白髪葱さん」と呼びかけると、「略してラガーさんと呼んでください」とお願いされる。メールで連絡を取ると、差出人の欄には本名ではなく「ムエタイ」と書いてある。なんだこりゃ、と笑ってしまう。

ラガーさんは、パンセクシャルを自認している。パンセクシャルとは、男性でも女性でも、中性でも両性でも無性でも、〝MtF〟（男性の体で生まれてきた女性）でも〝FtM〟（女性の体で生まれてきた男性）でも、恋愛や性愛の対象になるということだ。パンセクシャルを自認することが、発達障害と直接に結びつくわけではないけれど、ラガーさんと話していると、彼女がパンセクシャルだという事実に強い誇りのようなものを抱いている、と感じさせる。彼女は「女性の恋人と別れて、男性と結婚しましたが、私がパンセクシャルだということは、とても重要なことなんです」と語る。

現在の精神医学では、自閉スペクトラム症者には、性自認が曖昧な人が平均よりも多く含まれることが指摘されている。だが、その理由は明らかになっていない。確実に言えるのは、ラガーさんが自分の人生をひとりのパンセクシャルの人生として語りたがるとき、そこには「脳の多様性」と「性愛」の問題が、美しく交差しているということだ。彼女は人間として比類ない固有性をまっとうし、その人生に性の問題が不可欠に混ざりこんでいるのだと感じさせる。

発達障害者の人生は苦難に満ちている。ラガーさんには、インタビューの時点で計六回にわたる自殺未遂の経験があった。インタビュー後にも、一度の自殺未遂があった。発達障害があると、人生に絶望して生き急いでしまう当事者が多いのだが、ラガーさんが乗っている人生のジェットコースターは、最高速度級といえる。

以下で、彼女の壮絶な人生に迫ってみよう。

マントラは脳内多動にはちょうど良い

白髪葱さん（以下、通称のラガーさん）は、三一歳の女性。軽度知的障害、注意欠如・多動症、アスペルガー症候群（重度の知的障害を伴わない自閉スペクトラム症を指す旧称）、双極性障害Ⅰ型（典型的な躁状態と鬱状態を交互に反復する精神疾患、いわゆる躁鬱病）を診断されている。

自閉スペクトラム症の強烈な「こだわり」の特性は、収集癖につながりやすく、彼女自身も骨董市の愛好家だ。注意欠如・多動症の特性のうち、多動は歳をとるにつれて収まってきたが、衝動性は変わらないという。驚くべきことに、小学校の低学年だったとき、アニメ映画『もののけ姫』に影響を受けて、四足歩行をしていた時期もある。これは強烈なこだわりと多動性が複合した結果だろうか。

ラガーさんに関して私がいつも驚くのは、軽度知的障害を診断されているのに、純文学を好むという点だ。知能指数が高くても、純文学を難解と感じる健常者は多い。ラガーさんは「言語能力だけが健常者レベルなんです」と語る。好きな作家は、永井荷風や遠藤周作だという。私のなかで、「知的障害」のイメージが地殻変動を起こしていく。卯月妙子のマンガも好きだと語るが、卯月が『人間仮免中』（イースト・プレス、二〇一二年）で綴った壮絶な半生録は、たしかにラガーさんの人生に重なって見えてくる。

注意欠如・多動症と双極性障害の特性には似たところが多いのだが、ラガーさんは「デパケン」（抗てんかん薬で双極性障害の治療にも用いられる）の服用をやめてみたところ、タバコや洗剤を飲んだり、酒で睡眠薬を飲んだりしてしまい、そうして双極性障害の診断を得ることになった。

かつてラガーさんは全財産をおろしてインドに渡り、とある宗教に入信して、「ラディタ」というホーリーネームを授かった。彼女はこのとき、躁状態だったと振りかえる。「行ってみたら、ビーガン生活をしてくれとか、マントラを唱えてくださいとか、数珠や経典を買ってくださいとかありましたね。マントラはＡＤＨＤの脳内多動にはちょうど良かったんです。それにインドは、ＡＤＨＤに向いている国でした。朝の時間に約束した人が夕方に来るのが当たり前で、今日来るはずが明後日に来たり。バスが二時間遅れで来たり。帰りの飛行機が一時間遅れで飛んだり。お昼ごはんの時間が決まっていなかったり。コンサータ（ＡＤＨＤの特性を抑える薬）を飲んでいたら、まったく生活のリズムがあわなくて。あれは日本という社会で合う薬だと思います」。

発達障害は、その人の発達特性が環境と不具合を起こすことで発現すると考えられている。環境が変われば、発達特性と環境の不具合は減るから、ラガーさんが主張している内容は、けっして無茶とは言えない。

父親の手が伸びて、それを撥ねのけた

「性」にまつわる体験を、なるべく時系列順に教えてほしいとラガーさんに求めると、すぐさま「これは外せない出来事なんです」と、小学校低学年のときに体験した実父からの性的虐待を語りだした。父親に腕枕をしてもらい、添い寝していたときのことだったという。父親がラガーさんの股に手を伸ばし、陰部に指を入れてきた。ラガーさんは痛みで眼が覚め、父親を撥ねのけた。懸命に寝たふりをしていると、父親はそれ以上は何もしてこなかった。隣では母親が眠っていたという。この

体験で、ラガーさんには男性への恐怖心が芽生えた。

同じようなことが、おとなになったあとにも起こったことは、ラガーさんの苦しみを強くした。やはり同じ部屋で父親と一緒に昼寝をしていると、相手は体を擦りよせてきて、股間を硬くしていた。ラガーさんは、「また私に反応するのか」と怒りを感じた。

私は小学生のときに母親から受けていた肉体的暴力を思いだしながら「子どものころに親からつらい目に遭わされて、おとなになってから、この人はぜんぜん変わっていないんだと感じると、絶望しますよね」と述べた。ラガーさんは「そもそも一緒に住んでいて危ないです」と答えた。私の場合は中学生のときから暴力を振るわれなくなったが、成長後、両親と関係を維持するのは困難だと思うようになった。

タキシード仮面よりも、百合を見たい

ラガーさんは、幼稚園のころにテレビアニメ「美少女戦士セーラームーン」シリーズに登場する百合的描写（少女同士の恋愛描写）を観て、女性同士の恋愛関係

に憧れたと語る。ヒロインと男性の恋人、タキシード仮面の関係よりも、女の子同士が心で深く交流する様子に惹かれたらしい。

小学生になると、許斐《このみ》剛《たけし》原作のマンガ『テニスの王子様』に夢中になった。マンガの内容をＢＬ（少年同士の恋愛もの）へと変換して妄想を楽しむ「腐女子」になったのだ。好きなキャラクターを「女体化」させて妄想を楽しむこともあったという。さらにラガーさんは思春期のころに、新井祥《しょう》が自分を「半陰陽・両性具有」として紹介するエッセイマンガ『性別が、ない！』を読み、「いろんな性があるんだ」と知って、それが「自分の性教育になった」と語る。

ラガーさんの話を聞いていて、私自身と似ていると感じた。『テニスの王子様』は「週刊少年ジャンプ」に連載されていたが、私はその前の時代に同誌で連載されていた車田正美の『聖闘士星矢』で、やはり少年同士の同性愛的描写に興奮し、精通を経験した。そして中学生のときには、ラガーさんと同じく「美少女戦士セーラームーン」シリーズの熱烈なマニアで、敵幹部の男性同性愛的な描写や、少女同士の同性愛的表現に夢中になっていた。大学院生のときには、自分の性の問題に悩みながら、『性別が、ない！』を読んだ。現代の日本人同士だから似ているのか、発達障害者同士だから似ているのか、と私は思案したが、おそらくその両方だろう。

はじめての恋の相手は、年下の女の子

ラガーさんの初恋は、小学生のときだった。相手は二歳下の女の子。親にレンタルパソコンをねだり、一〇代の女子向けの友だち作りサイト「ふみコミュニティ」を利用していて、知りあった。彼女のどこに惹かれたのだろうか。

「その子の性格がすごく好きで。あの、私は人を好きになるのって性格からなんです。話してみて言葉遣いが好きでした。そして家庭環境がとても似ていたんですよね。家庭に居場所がなくて。学校で友だちと話せないことについて話せたり……。それにその子も腐女子で。性的な話もできる友だちであり、家庭の話もできる友だちでありっていう感じでした。最初は友情だったんですが、だんだんと独占欲というか、ほかの友だちと一緒にしてほしくない、という気持ちを伝えてしまって」。

相手には恋愛感情がなく、友だち以上の関係に発展することはなかったけれど、その後も長く交流していたという。

ところで、誰しも子どものころは、性の揺らぎが、おとなよりも大きい傾向にあるはずだ。少年同士も少女同士も、たとえ恋愛感情がなかったとしても、自分の大

事な親友をほかの子に取られたくないという独占欲を稀でなく体験するはずだ。私自身、小学生時代の親友に友情とも恋愛感情ともつかない感覚を抱き、悶々としていた。ラガーさんは、どのように自分の思いを「恋」だと認識したのだろうか。

「恋人になりたいって単純に思ったんですよね。同じサイトで別に友だちになった子もいて、その子を含めて三人で仲良しだったんですけど、その三人目の子に対する気持ちとは明らかに違ったんですよね」。

なるほど、近くに比較対象がいれば、自分の気持ちの所在に気づきやすくなる。私も小学生のとき、学年ごとに少数の同性の親友がいたが、そのうちのひとりに対しては、友情よりも恋愛感情がまさっていて、ほかの親友たちにはそんな感情は湧かなかった。

一〇代の上京とメンタル不安な男たち

ラガーさんは東京で生まれ、小学一年生のときに徳島県のとある村に引っ越し、翌年から徳島市内に移った。高校二年生で中退すると、姉と一緒に生まれ故郷の東京に戻り、書店でアルバイトに従事する。

そこで、恋愛経験がないことを心配してくれた女性の先輩が合コンの場を設けてくれて、初めて男性の恋人を作ることになった。ラガーさんは一九歳、相手は二一歳で、鬱病を治療中だった。私は自分の過去の恋愛経験を思いながら、「やはりメンヘラ同士でつながってしまうものなんだな」と身につまされる思いがした。私も恋愛対象として惹かれる相手は、多くの場合が「病んだ」印象のある、いわゆる「メンヘラ女性」のような人が多かったのだ。

ラガーさんがつきあった相手は、鬱病の治療を途中でやめていた。そのために、交際中も症状がよく出ていて、夜中に過呼吸になりながら電話してきたり、節約をしたいということで、デート中に自分は飴を舐めてるから君は好きなものを食べてと言ってきたりと、やたら言動に怪しさがあった。性に関することで言えば、初体験のときに彼は、子どもができればずっとラガーさんをつなぎとめておけるから、コンドームは装着したくないと「メンヘラ発言」をしたという。

その彼にとっても、ラガーさんは初めての恋人だった。モラルハラスメントの気質があり、何かあるたびに「死んでやる!」とラガーさんを脅した。「初めての彼氏がこういった人だったので、『みんな、こんなものかな』と認識するようになってしまいました」とラガーさんは語る。

書店でのアルバイトをやめたあと、ラガーさんは新たにリハーサルスタジオに勤めた。そこで知りあった男性に、問題の恋人について相談していると、ありがちなことにその人との恋愛関係が始まった。だが、その人には同棲している相手がいた。ある日、電話がかかってきて、「〇〇の彼女ですけど、あなた誰ですか？　いますぐ私たちの部屋に来なさい！」と呼びだされ、彼女と会った。何も知らない新しい彼氏は、同棲していた女性とラガーさんが一緒に現れたことにびっくりして、振りむいたまま、固まった。その修羅場のあと、結局、新しい彼氏は同棲していた相手とは別れることになって、ラガーさんの部屋に転がりこんできた。

このような事例で、彼女のもとに居候した男が二度と出て行ってくれなくなる、という展開がいかにもありそうに思うのだが、ラガーさんは姉と同居していて、難を逃れたという。だが、その相手も結局は「モラハラの人」だった。たとえば、当時のラガーさんは生理不順で不正出血が多かったのだが、「今日は血が出てるからセックスはできない」と伝えると、「口でしてくれ」と求められ、終わったら背中を向けて眠ってしまったという。あるときは職場のカウンターまでやってきて、客から見えない死角になっている場所で相手の性器を口でしゃぶるように要求された。

そのように聞いたとき、私はそのような暴力的な言動から、その人はいかにも定型発達者だなと考えてしまった。私は発達障害の当事者として、定型発達者の「エゲツなさ」をよく意識し、生きてきたからだ。多くの定型発達者が、私の人生では、私を迫害する人たちとして現れてきた、と私は感じている。いかにも「発達障害者らしい」被害妄想だろうか。でも、世間ではそのような「エゲツない」人こそ、まさに発達障害者だと考えるかもしれない。ラガーさんが、いまその恋人が発達障害者と思うかどうかについて、私は尋ねそこねてしまった。

そのふたり目の恋人は、ラガーさんがチャットレディを始めたのを嫌って去った。ラガーさんは内心でホッとしたと語る。

「普通」を擬態していたホステス時代

ところで、チャットレディとは何なのか。私はこの言葉を知らなかった。「アダルトとノンアダルトがあって。アダルトは顔出しなしで、ノンアダルトは顔出しありで、オンラインのおしゃべりだけでお客様を楽しませるというものなんです。それもとても怪しい職場で、最初の面接で雑居ビルに連れていかれて、『いますぐ一万円もらってその一万円分稼ぐか、一万円分稼いでから一万円分もらうかどっちがいい？』とわけのわからない言葉で迫られて。じゃあ先にもらいますって言って、一万円稼げるまで女の子の部屋風の場所に閉じこめられて一万円稼ぐまで出られませんでした」。

そんな生活をしていたラガーさんだが、東日本大震災を機に、両親の近くにいたいと考えるようになり、ふたたび徳島に移住する。そこでの仕事として、ラガーさんはホステス業を選んだ。「私は、一九歳まで現実の男性ってあんまり好きじゃなかったんですよ。どちらかといえば嫌い。ギャルか、女子アナみたいなのが好きなんでしょって。私みたいなオタクは相手にしないんでしょって。すごい劣等感がありました。男嫌いっていうのもあったので、水商売なんてしないって思っていたんですが、友人から『ちょっとだけでいいので働かない？』と頼まれて働きはじめました。ホステスより前に、チャットレディをやっていたので、意外とお客様との話し方は掴めていましたね」。

ラガーさん自身は、ほんとうはマンガ家になりたかった。しかし、いざキャバクラでホステスを始めてみると、ママが「向いてるよ！　正直、男の人を気持ち良くするの得意でしょ」と絶賛してくれた。「得意かどうかわかりませんけど、いままで男性にされてきたことを仕返しできるというか。こんな言葉で、男は騙されてしまうのか、と感じるのが心地よくて。男に振りまわされていた自分が、今度は振りまわせる立場になるんだ、みたいな。そんなバカなことを考えていましたね」。

私は以前から、ラガーさんに浮世離れした、ふわふわした、そして人当たりの良い印象を抱いてきたので、この男性嫌悪の発言を、まずは意外なものとして受けとった。だが虐げられた女性として、男たちに復讐心を抱くのは不思議なことではあるまい。男性の健常者たちが構築したこの社会のなかで、彼女は女性として、しかも障害者として生きているのだ。

自閉スペクトラム症があると、重層的なコミュニケーションが困難になる。接客業は不向きではないのだろうか。

ラガーさんも同意する。ホステスをやっていても、言われたことを文字通り受けとってしまう。どこまでが本気でどこからが冗談かというのがわからず、それで客のおしゃべりに騙され、強姦された経験がある。行きつけのバーでマスターとふたりで飲んでいても、出入り口の鍵を閉められ、やはり強姦された。接待を求められて、「大事なつきあいだから寝てきてよ」「有名な人だからよろしく頼むよ」などと強要されたことがある。二一歳から二八歳まで、そうやって苦難のホステス生活を続けた。

ところで、ラガーさんは誰が見ても美人に見えるということを、まだ書いていなかった。彼女の顔は、美容整形によって洗練されているのだ。ラガーさんにとって、その点で姉の存在は大きかった。「ぜんぶ姉の指示です。姉がけっこう整形していて、『ここと、ここと、ここをやりなさい』と。『私はそのクリニックの院長の愛人の友人だから、あんたは院長の愛人の友人の妹価格でやってもらえる』ということで。ほんとうは現金で分割払いってできないんですが、愛人さんはそれを通してくれたり。……だいたい姉のまねっこですね」。

「院長の愛人の友人の妹価格」という表現に、私は吹きだしてしまった。残念ながらラガーさんは、やがて姉から肉体的暴力を振るわれるようになった。それまでは姉のことを「神さまみたいな人」だと思っていたから、ラガーさんの衝撃は大きかった。姉はなんでもできて、男女両方から人気のある人だった。家事をこなせて、部屋も洒落ていて、優雅に服を着こなし、ラガーさんの同級生も憧れの上級生だと語っていた。しかしラガーさんは姉を畏怖して、いつも萎縮しながら過ごしていた。いまでは暴力を振るわれるようになる前から、自分が支配されていたと感じている。

言語化の能力に優れたラガーさんには、発達障害者らしからぬこなれた話しぶりがあって、私は何度も驚いてきた。もしかすると、これは姉を模倣したからではないだろうか、と私は推理した。「そういえば、しゃべり方とか似てるって言われてました」という返答を聞いて、私はやはりそうかと得心した。発達障害者は、ふだんから定型発達者の真似ばかりして生きていかなければならない状況に放りこまれている。必死になって「普通の人」の擬態をしないと、生きのびることができないのだ。それで不器用に見えることもあるし、逆にモノマネの名人に成長していくこともある。うまく生きている人を「完コピ」したら、自分も生きのびることに成功する。

自閉スペクトラム症者には、多くの場合、注意欠如・多動症が併発する。ラガーさんもそのタイプだ。この注意欠如・多動症の特性は、部分的に自閉スペクトラム症と逆向きに見えることが稀ではない。たとえば自閉スペクトラム症があると、会話がたどたどしくなるが、注意欠如・多動症者たちには、疲れを知らないかのように爆発的にしゃべることができる者がいる。私自身も抑えがたいうねりのようなものに襲われ、しばしば多弁を止められなくなる。きわめて能動的な印象を与えているはずだが、身体感覚としては、何かに飲みこまれ、乗っとられているかのようで、受動的だ。その特性と環境が嚙みあうと、非常にコミュニケーション能力が高い人物という印象を与えることができる。注意欠如・多動症の人は営業に向いている、と発達界隈でよく話題になるのだが、ラガーさんのように水商売に向いている人も多いのかもしれない、と私は考えた。

ラガーさんは、自閉スペクトラム症にもとづく「思い込みの能力がすごい」とも自己分析する。「お店では、この人は私の恋人だって思い込んで接客して、こなしていました」と振りかえる。

客とつきあうもほとんどモラハラの人

徳島でホステスを始めると、ついた客がつぎつぎと恋人候補になった。「ほとんどの人がモラハラの人でしたけど」とラガーさんは言いよどむ。「相手は必死に口説こうとしているので、こっちも魅力的に見えてくるところがあるんですよ。あとやっぱり、私が水商売していて、猫をかぶっているのを知ったうえで、好きになってくれているのかなって思うから。プロレスみたいなもんですよね」。

私は「プロレスみたいなもの」という唐突な表現に、自閉スペクトラム症らしさを感じて笑った。ラガーさんはツイッターでもプロレスの覆面レスラーのようなマスクをつけたアイコンを使用している。「リング上の仮面を被っている私を好きになってくれて、そのマスクを脱いでも好きになってくれるんだろうと。戦ってくれている私を好きになってくれて、うれしいなと」。

水商売の女性のリアルな声を聴いた気がした。客と男女交際することは、店の側で問題視され、「ここは合コン会場じゃないから」と注意されたが、恋人がコロコロ変わっても固定客がついていたため、その実績が評価され、実質的に容認されていた。

ホステス時代の後半は昼間にパン屋でも働くようになり、肉屋の社長と交際した。姉が彼に「チャーシュー」と渾名をつけたことから、ラガーさんは自分がその添え物だと考え、ツイッターで「白髪葱」と名乗るアカウントを開設した。恋人の愚痴をつぶやくのが目的だった。水商売をやっているのに、相手から「酒を飲むのはやめろ」と求められ、毎日、アルコールチェッカーに息を吹きかけて、それを写真に撮って彼に送ってから寝るようにと指示された。半同棲状態だったのだが、深夜一時に帰宅したら、「一時五分までに寝ろ」と言われた。ついには通帳と印鑑を預けるように迫られた。

絵に描いたような「モラハラ男」だが、ラガーさんにも負い目があった。当時は彼氏が三人いて、「チャーシュー」が三人目だったのだ。その後、男癖が直り、整形、エステ、脱毛、ホワイトニングなどにかかった最大一〇六万円の借金を完済することができた。浪費が収まって、アルコールも泥酔するほど摂取しなくなった。「チャーシュー」にもいろんなところを直すように求めたが、ひどいモラハラは直しようがなく、結局は別れてしまった。

職場の近くのミックスバーで自己分析

ラガーさんは、自分はパンセクシャルと語るけれど、私はこの性的嗜好について明るくなかった。男性も女性も区別もなく好きなのか、おもに男性が好きだけど女性も好きになることがあるのか、どうなのだろうか。序章に書いたように、私自身は九割ほど異性愛志向、一割ほど同性愛者志向の両性愛者だと感じている。

「そうですね、性別のこだわりがないというか、その人を見るときに性別を気にしていないので……。恋人関係になったあとから、じつは性別を変更している途中なんだよね、と打ちあけられたときも平気でした」。

なるほど、まさにあらゆる性別の人を恋愛対象とするわけで、私のような、より単純な両性愛者（バイセクシャル）とは異なっている。

ホステスとして働いていた二五歳のときに、自分がヘテロセクシャル（異性愛者）でも、バイセクシャルでも、レズビアンでもないと認識するようになった。

職場の近くにミックスバー（スタッフが性的多様性を体現しているバー）があって、ラガーさんは仕事帰りに通っていた。自分のジェンダーやセクシュアリティが悩ましく、自分は男性になりたいのだろうか、いや、性自認は女性だな、ではいろんな方向に恋愛感情が湧くのはなんでだろうか、惚れっぽいだけなのか、性別を気にしてないのか、と自己分析を進めた。バーのスタッフや客の性的多様性が自分の内面を理解するのに役立っていた。そこで知りあった何人かの人とベッドを共にすることがあり、体が女性、心が男性という人と寝たときに、「私には男性ばっかりということでも、女性ばっかりということでもないのかな？」と思いいたった。体が男性、心が女性の人とも一夜限りの体験があったが、ラガーさんは服を脱がないのに、女性の格好をした相手が服を脱いで、受け身で女の子の側の気持ちになっている。その体験が好ましく、自分が女性の心や体を性的欲望の対象としていることを自覚した。

発達障害者でも性的少数者でもあることは、ダブル・マイノリティを意味する。それは生きづらさを高めもするが、他方では自分の固有性を高め、それが不思議な自尊心をもたらすのではないか。私の場合はそうだったし、ラガーさんが自分をパンセクシャルだと語るときに誇りのようなものを感じるのも、事情は同じではないかと思う。

ホステスをやめてから、今後は女性の恋人を視野に入れたいと考え、性的マイノリティ向けのマッチングアプリを利用して、レズビアンの恋人を作った。交際は二年続いたが、その人からもモラハラにあってしまう。男性の元彼とのあいだで心は揺れ動き、男性とも女性とも婚約しては破棄を繰りかえした。

レズビアンの恋人と一緒に、小学生のときの初恋の相手だった女性に会いに、岡山まで行ったことがあった。女性が女性の恋人と一緒に、初恋の女の子の成長した姿を見るために遊びに行くという旅に、私はロマンチックな憧憬を覚えた。

そのレズビアンの相手とは結局は別れることになって、またラガーさんの男性遍歴が始まったのだが、相手を見つけて結婚する直前にも、ラガーさんには女性の恋人がいた。

以前女性と交際したときと同じマッチングアプリを使って、二〇歳として登録していた女性と知りあった。ふたりで落ちあい、バーをハシゴして、朝の五時ぐらいに帰って、親密な関係になった。ラガーさんから好意を告白し、相手も想いに応えた。そこまでは良かったが、彼女はじつは未成年で、一六歳の女子高生だと真実を吐露した。ラガーさんは驚いたが、自分には障害があること、生活保護を受けていることを説明して、それでも良いかと尋ねると、相手は受けいれた。ラガーさんは相手に成人するまで酒を飲まないように求め、性行為も未成年のあいだはできないと伝えた。ラガーさんはネコ（女性同士の性行為で受動的な立場の人）、相手はタチ（女性同士の性行為で能動的な立場の人）だとわかっていて、相手の語り口から性体験が豊富なことも察せられたが、そのように約束した。

ＡＤＨＤがあると、無軌道な人生を爆走する傾向があるが、自閉スペクトラム症者には規範意識が強いという逆向きのベクトルが備わっている。結果として、支離滅裂な日々を送りながら、不思議なくらいマジメという謎の人生が出現してくる。私もまったくそういう人間なので、ラガーさんには深く共鳴する。

東京に出稼ぎにきて、風俗ではたらく

ラガーさんは最初のレスビアン恋愛の相手と交際しているあいだに、将来を考えるヒントにしたくて、東京在住時に信頼していた占い師のもとを訪ねることを決め

た。そのころ、貧困に喘《あえ》いでいたラガーさんは、東京で「出稼ぎ」にも従事しようと考えたのだ。「初めて風俗に働きに行きました。気持ちも体も、そのときは女性に興味が向いていていたんですけど、そんななかで男性の相手をしなきゃならないのは苦しかったです」。

パンセクシャルと一口に言っても、レズビアン関係に自分が適応している状況で、その状況から逸脱するのはつらい、というのが私には興味深く感じられた。これは純粋に「性的指向」の問題なのだろうか。それとも自閉スペクトラム症の「こだわり」も働いているのか。私にはわからない。

ラガーさんは、男性とコミュニケーションを取っていると、その人がどういう「キャラ」の女性を好むか、どういう行為を好むかについて、だいたい察しがつくという。水商売で培われた「女の勘」だ。自閉スペクトラム症者は他者の心を推しはかるのが不得意と言われるが、訓練次第でそれを得意に変えることもできる。「そう考えると、水商売も風俗も性《しょう》に合っていましたね。いま考えると。風俗は四日間しかいなかったんですけど」。

風俗嬢になることに抵抗はなかったのかと尋ねると、答えてくれた。「最初は添い寝で稼げるみたいな広告を見たんですよ。それを見て面接に行ったら『ホテヘルのほうが稼げるよ』って言われて、流されるままそうなっちゃったんです。同時期、AV女優になりかけました。徳島にいたときに、AVのイベントがあったんです。そのときのゲストに監督がいて。打ちあげで知りあってて仲良くなって、連絡先を交換していました」。

状況はギリギリのところまで来ていたが、ラガーさんは主治医に助言されて、AV女優としてデビューするのを取りやめた。

「モラハラじゃない人」と出会い結婚

ラガーさんはすでに結婚しているが、相手は二五歳年上だ。結婚する少し前につきあっていた男性も同じく二五歳上だった。

かなり年上の異性と連続して交際したものの、ふたりの個性はかなり異なるようだ。「元彼のほうは浮世絵が好きな人で、落語も聞くよってことで、私とは趣味がぴったり。小説を書いている人でした。『アマゾンで売ってるから良かったら読んでみて。オレ、パイロットしてて、英語がしゃべれるんだよ』って。ありえないのに、すなおにすごいと受けとってしまって……。もう夢中になりました」。

ラガーさんが訴えるモラハラ体験は、多くの場合、相手が無理やり彼女を管理してくる形で起こっているように感じたため、私は腑に落ちなかった。年上の恋人を選べば、そのような状況は発生しやすくなるのではないか。

「そうですね……。モラハラする人って最初はとても寛容なんですよ。すべてを聞いてくれて、すべてを受けいれてくれるようなそぶりをするんですよ。よくよく聞いてみると、自分の話しかしてなかったなあとか、あとから気がつきますね。こっちに興味がなかっただけか、みたいな」。

結婚相手はどのような人なのだろうか。ラガーさんによると、ツイッターの「白髪葱」アカウントを「チャーシュー」への愚痴用として初めて開設したころからの知りあいだという。三年ほどの友だち期間があり、これまでのラガーさんの恋愛遍歴も把握している。ラガーさんはこれまでに何度も洗剤などを飲んで自殺未遂を図ってきたし、集中治療室（ＩＣＵ）に入ったことも四回あるが、そのことも相手は知って理解してくれている。交際を開始するや、あっという間に結婚してしまった。

夫も自閉スペクトラム症を診断されていて、「マイルール」にうまくハマると行動が早い。ラガーさんとはそこの点が一致していて、意気投合しやすいという。ラガーさんにとって、深い関係になった相手では、初めての「モラハラじゃない人」だ。そのことに毎日びっくりしていると語る。

自閉スペクトラム症者は、苦しい人生を歩んできた結果として、性格が極度に険しくなってしまうことも多い。男女問わず「昭和の頑固おやじ」風の当事者が珍しくないのだ。ラガーさんは、夫はそのようなタイプとは正反対だという。「サービス精神で、誰かに性的なことをしなきゃいけないのがもう嫌になってしまったんです。それをしなくて良い相手とめぐりあえたのが幸せです」。

サービスをして、それに満足感が伴わないと、自分が摩耗していくような気がするものだろう。

発達障害者は、定型発達者向けに作られた、自分たち向けには作られていない社会のなかで生きざるを得ないから、大いに凹まされてしまう。ラガーさんは語る。「診断を受けて、誰かと比べることが減り、脳が違うのだから仕方ない、と割りきれるようになりました。私はおとなになってからの診断だったので、ずっと擬態しようと頑張っていたんですね。それをもうしなくて良いというのは、それ以上の幸せはないです」。

あなたたちのほうがよほど宇宙人です

自閉スペクトラム症があると、定型発達者とは異なる神経細胞を持っているから、彼らの空気を読んだり、共感したりすることが難しくなる。私たちはこの話題に花を咲かせた。

ラガー：女の人って、共感しあわないといけないという雰囲気を作りだしています。水商売だと、特に話を合わせなきゃいけないということになります。発達障害を持っている私としては苦痛で。

横道：非常によくわかります。

ラガー：空気を読むということがどうしてもできなくて……。いつも浮いてて。連携プレイができないんですよね。

横道：ものすごくわかります。定型発達の人たちも、朝礼の校長先生の話が苦痛とかって言うじゃないですか。でも私たちにとっては、ほとんどの人の話が「校長先生の話」なんですよね。そもそも謎の話にしか思えないわけで、聞く意味がわからない。

ラガー：まさにそうです（笑）。

横道：向こうからすると、私たちが宇宙人に見えるけど、私たちからすれば、いや、あなたたちのほうが、よほど宇宙人ですよって。

ラガー：そうです、そうです（笑）。

横道：宇宙人の相手ばかりしてられないよ！　って思ったりします。

ラガー：仰るとおりですね。

私はここで「宇宙人」という言葉を使っているが、私は実際には小さいころから「宇宙人だって？　地球人だって宇宙人じゃないか」と考え、「宇宙人」という語をなるべく避けて、「地球外生命体」または「地球外知的生命体」という言葉を愛用してきた。ここで「宇宙人」を使ったのは、私がその「こだわり」を守りながらラガーさんと会話を続けるのは、心を開いていないような感じがしないだろうか、と自問自答して、あえて「こだわり」がない「宇宙人」という言葉を使ったということなのだ。

自閉スペクトラム症があると、他者に共感できない、あるいは共感が難しいという言説が流布しているが、自閉スペクトラム症を持つ当事者同士は、つまり私とラガーさんは、容易に共感できる気がした。とはいえ私は実際には、ラガーさんが水商売をつうじて培った話術に乗せられていただけという可能性もある。

ラガーさんの現在の夢は、いま在住している岡山県で、マイノリティのためのシーシャ・バーを開業することだという。客層は発達障害者でも良いし、性的少数者でも良いという。地方在住者には貴重な場所になるはず、とラガーさんはほほえむ。

第二章

元プレイボーイの青さん

注意欠如・多動症があると、人生の局面に破天荒な要素が生まれやすい。不注意の傾向が危険をかえりみさせなくなり、衝動性や多動性に突き動かされて、大冒険が展開する。私自身もそうで、いくつもの外国語を習得しようとし、世界のさまざまな国に出かけ、多くの街を探索し、ゲテモノ食に挑戦し、外国人との交友関係を築こうとし、しかしさまざまな失敗を重ねたことを、『イスタンブールで青に溺れる』(文藝春秋、二〇二一年)や『ある大学教員の日常と非日常』(晶文社、二〇二二年)で紹介した。注意欠如・多動症は、当事者の人生を派手に彩り、人間的魅力を引きだす可能性を秘めていると言えよう。

今回取材した青さんも、注意欠如・多動症の特性あふれる冒険家のひとりだ。ただし、彼の冒険は日本を舞台に女性たちを対象に実行されたた。青さんと会うたびに、精悍《せいかん》な顔立ちと、それと対照的な控えめな表情が印象に残る。聞けば父親は元プロ野球選手で、母親は元女子アナ。絵に描いたような華やかなカップルの子どもとして「モテ」の力にあふれて生まれてきたけれど、ややこしいことに、その子は発達障害児でもあった。

青さんには自閉スペクトラム症もあるから、その「モテ」の問題は単純ではない。ラガーさんの章でも書いたように、この障害があると、周囲に地球外知的生命体のような印象を与え、気持ち悪がられやすい。多くの自閉スペクトラム症者は、「非モテ」の当事者だ。中年になっても恋愛や性愛の経験がほとんどなく、苦悩している人が稀ではない。私自身、「非モテ」の当事者として若いころから苦悩していたし、いまでも結婚していないために、この問題を完全に卒業できたわけではない。

青さんの場合は、どのようにして超絶プレイボーイだったのか。その実態に迫ってみよう。

出会った日の、いきなりのプロポーズ

青さんは私より少し年下で四一歳の男性。注意欠如・多動症、自閉スペクトラム症、双極性障害Ⅱ型（鬱状態と軽躁状態を反復する精神疾患）、自己愛性パーソナリティ障害（誇大的に振るまい、賞賛への欲求が強い人格を呈する精神疾患）疑いと診断されている。

父親には確実に自閉スペクトラム症があったと語る。「すごく独特な人なんです」。元プロ野球選手の「変人」ということで、私は長嶋茂雄やイチローを連想してしまう。私見によると、長嶋の「天然キャラ」ぶりは注意欠如・多動症の、イチローの「こだわりっぷり」は自閉スペクトラム症の典型的な発露のように見える。

「弟もそうなんです。僕と同じでADHDもあると思います。先延ばし癖がすごい。片付けができなくて、いつも部屋が散らかっていて」と青さんは語る。発達障害は、きわめて遺伝性が高いことが知られていて、私も自分の父、母、妹、弟に発達障害の傾向があると考えているから、不思議なことではない。

自身の診断内容と過去の経験を照らしてみて、何か腑に落ちることはありますかと尋ねると、「配偶者と出会った日にいきなり結婚を決めたことです」と教えてくれた。注意欠如・多動症の衝動性と自閉スペクトラム症の「こだわり」が協奏して、彼に天啓《てんけい》のようなものをくだしたのだと思われる。青さんの妻はよくできた人で、彼の発達障害について「あなたのアイデンティティだと思う。誰にでもそういうものがあるから」と全面的に肯定してくれる。うらやましい限りだ。

どこに運命を感じて求婚したのかと尋ねてみる。「直感ですね。話し方。雰囲気。オーラ。妻は、両親とも日本人で外見も古風な大和撫子なんですが、帰国子女の経歴があって、中身は外国人風という珍しい人。それが関係しているのかもしれませんが」。

音楽業界で働いていて国際感覚も豊かな青さんは、日本では「変わり者」に対する排斥が強いと語る。出会ったときから、妻はそのような側面をまったく持ちあわせていなかった。「海外を知ってる人のほうが、僕のことを受けいれやすいと感じます」。

欧米文化の専門家として、そしてひとりの発達障害者として、私も同じようなことを感じる機会を何度も体験したから、理解できる話だ。ひとりひとりの人間がほかの誰とも異なることを尊重する欧米の個人主義は、周囲の人間と調和して「出る杭は打たれる」状況を回避するように求める儒教文化圏の対極にある。青さんは「普通なんて！」と吐きすてるように口にすることが多いのだが、そのたびに私の心は共振する。

マセた坊やは性欲旺盛な中学生になる

青さんが恋愛に目覚めた時期は早かった。「幼稚園のときです。まだ年長さんなのに彼女がいて。廊下の端から相手の名前を呼びあって、ダーっと走りあって、廊下の真ん中でしっかり抱きあったりしました。マセてたんです」。

小学生のときは「普通でしたね」と若干の皮肉をこめて回顧する。「ADHD特有の人懐っこさがうまく働いてました。おとなびているから、賢い坊やとして愛されて。子どもなりに気を遣ってた、とかではなくて天真爛漫で物怖じしなかった。商店街で店をやってるおとなたちとすぐに仲良くなってかわいがってもらいました。母は気を遣って、その商店街の店でしか買い物ができない、と言ってました」。

青さんはいまに至るまで「人たらし」だ。中年になったいまでも、職場や取引先で年上の人たちから「〇〇ちゃん」とファーストネームで呼びかけられ、贔屓《ひいき》される。「基本的に人が好きなんです。それが若者だったころには、女ったらし、ということにもなってしまったわけです」。

小学生時代には恋愛経験がなかったが、五年生のときに友だちに教えられてオナニーを覚えた。「真似したらすごいことが起きた。ショックで死んでしまうんじゃないかなと思いました。それからは、いじりまくりでしたね。ふやけるまで触って」。

中学に入って、体育会系の部活動に打ちこんだ。プロ野球選手の父の素質を継いで、運動能力が高い。自閉スペクトラム症があると、発達性協調運動症（複数の部位を連動させる運動が難しい障害）を併発しやすく、運動音痴の人が多いが、それと対照的だ。私はまさに「運動音痴側」そのもので、「運動が得意な発達障害者」の話を聞くと、「反則だ！」と憤慨しそうになる。青さんは語る。「恋愛に走るのはグレてる人たち、ヤンキーたち、という年頃でしょう。僕はまじめに部活をやってましたね」。

でも性にはやはり飢えていて、先輩から裏ビデオを借りた。永作博美などを輩出したタレント育成講座の乙女塾にハマり、「ＢＯＭＢ！」とか「ＤＵＮＫ」などの男性向け芸能雑誌で性的なグラビアを見て興奮した。「11ＰＭ」や「おとなのえほん」といった「お色気番組」をＶＨＳに録画して、こっそり鑑賞した。ダイヤルＱ2に電話して、三万円ほど請求されて親に叱られた。私は思わず自分と比べてしまうのだった。私の場合は長らく芸能人に興味を持てず、思春期のころの性的興奮はマンガやアニメのキャラクターにしか向かわなかった。当時の典型的な「オタク」だ。年代の近い青さんと私の違いはどこから来るのか、よくわからない。

しかし青さんが「異常なくらいの量のズリネタを収集してましたね」と語るのを聞いて、やはりおおむね同じなのかなとも思う。自閉スペクトラム症があると、

「こだわり」の特性から収集癖を発揮しやすいのだ。私はじつに、さまざまなものを集めてきた。その一部には性的なニュアンスのものもある。

人気者の自分と気持ち悪い自分が同居

青さんに「いわゆる『顔面偏差値』が高いですよね」と外見に関する話を振ると、「生まれてからずっとこの顔だから、よくわからないところがあって。好きじゃなかったんですけど、周りの意見を聞いているとオレ、イケてるんだって気づきました」。

中学生のころまで「ぽっちゃりしてた」と語る。だが背が伸びると引きしまった印象が生まれた。そうなって経験したのが摂食障害。「イケてると気がついてからは、アイデンティティが見た目ですから。見た目しかないんだって思いすぎちゃって。太ったら、食べても吐いてました」。ルッキズムに悩む女性たちの心理を、青さんも知っているわけだ。

私は「イケメン」として生きた経験がないため、自分の周りに「自分よりイケてる」と感じる相手がいるときの感情を知りたかった。彼らに対する嫉妬心に苦しむことはないのだろうか。

しかし青さんはいかにもモテていた人らしく、余裕たっぷりに答える。「ライバル意識は湧かないですね。女子が自分のところに全員来るとは思ってはいませんから。レストランみたいもんです。中華が好きな人も、イタリアンが好きな人もいる。誰かは僕のところに来るって割りきってました」。

高校時代について「多動が爆発して、行動範囲が広がりました」と話す青さん。女子校の文化祭に行って、ナンパする。高校生なのに合コンをして、高校一年生のときに童貞を喪失した。デートでカラオケに行って、尾崎豊を歌う。現在では考えられないことだが、当時は世間がアルコールに甘かったため、店内で飲酒もした。店側が未成年に配慮しなかったのだ。

派手な男女交際になった。「つきあっては別れる。ちゃんとつきあったのは三年間で五人くらい。セックスした相手は二〇人くらい。友だちんちで飲んでて、男ふたり女ふたりでやるとか。ジャンケンで順番を決める」。私は息を飲んでしまった。私には未知の世界だから、「村上春樹の『ノルウェイの森』みたいですね」と平凡なコメントしかできなかった。

おそるおそる「青さんのほうが捨てられたことはなかったんですか」と尋ねてみ

た。一瞬ためらったあとに口を開く。「ありますね。何度も。『心が病んでるね、重い』って言われて。ドライなやつかと思ったのに、ジメジメしてる。僕って、そういう感じですよね」。私は青さんのこういう自信なさげなところが好きだ。私も大学教員として、晴れがましいといえそうな職業についているのに、自尊心が低い。その私との同質性を「モテ度」では大いに異なる青さんに感じてやまないのだ。

私は青さんに何か気が利いた言葉をかけようかと思ったのだけれど、自閉スペクトラム症者なので、実際にはそんな自然なコミュニケーションを交わすことができなかった。頭ではわかっているのに、体が動かない。これが自閉スペクトラム症に指摘される「コミュニケーションの障害」の一形態だ。

ところで性交渉そのものの満足感は高かったのだろうか。「すごく気持ち良かったです」と青さんは断言する。私は運動神経が悪く、性交がぎこちないから、運動能力の高い彼とは対照的なのかもしれない。だが、自閉スペクトラム症があると定型発達者に一方的な印象を与える当事者が多い。そのような悩みはなかったのだろうか。

青さんは答える。「僕は相手が喜ぶのを見て、自分が興奮するタイプなんです。独りよがりなことができなくて。極端なくらいサービスする」。何か特殊な性交経験はあったかと尋ねると「屋外でやったりしましたね。青姦です。好んでではないけど。あえて」。

記憶の海が私を深みへと沈めてゆく。私も初めて恋人ができたときには、相手に対する愛情と衝動が抑えられなくて、よく夜の闇にまぎれて野外で性交におよんだものだ。そしてその衝動の抑えがたさを相手に対する「愛情の深さ」だと錯覚していた。実際には、私より一歳年上だったその女性は、その時期の私の挙動にとても抵抗を覚えながら、嫌われたくなくて同意していた、とのちに打ちあけてくれたのだが。

青さんは「いわゆるヤリチン、ヤリマンには発達障害者が多いと思うんです」と語る。「発達障害があると、依存症的ですから。そして周りに凹まされる経験が多いから、自己承認欲求が強い。オレってモテるだろっていうのを確認できるのが快感で、遊んでたって感じですね」。

しかし、なぜ「イケメン」の青さんを、彼の自己承認欲求は駆りたてていたのだろうか。自己分析を求めると、「理由は父です」と答えてくれた。「父は元プロ野球選手としてテレビにも出るような有名人。父親の威光に惹かれて近づいてくる人もいる。だから、自分を見て！　自分を！　という思いが強かったんです」。

また自閉スペクトラム症と注意欠如・多動症につきまとうコミュニケーションの問題も関係していたと語る。「人気者のはずなのに、気持ち悪いと言われることも多かった。空気を読まない。余計なことを言う。仲間はずれになる。みんなに好かれたいって思いが強かったんです」。そのように聞いて、私は「やはりこの人は私と同じ『人種』なんだな」と感慨に耽るのだった。

『トレインスポッティング』的な生活

青さんは大学に入って、ますますプレイボーイとして暴れた。「大学デビューです。めちゃくちゃモテました。ライブに来てもらうために、女の子に声をかけまくる。女の子がいっぱいいれば、男も集まる。帰りに知らない下級生から一緒に帰ってください、と言われる。もちろんセックスする。長続きしないから評判が悪いんだけど、病的なくらい、すぐ新しい子とつきあってた。四股したこともあります。年上のお姉さんにアルコールで潰されて、気がついたら相手が上にまたがっていたこともありました」。

オタク青年だった私には体験しようもなかった凄まじい世界だ。しかしおもしろいのは、恋人の部屋に入ろうとして、自分の家の鍵をまちがって挿していたというエピソード。日常のそういう一場面に、注意欠如・多動症の不注意の特性が混じってくる。私も鍵が開かないことで慌て、鍵の取りちがえに気づくという無数の体験がある。

青さんの胸のうちで、有名人である父親に対する意識とそこから生まれるアイデンティティの形成不全という問題が解消されたわけではなかった。でも高校時代は「たんに見た目がモテていた」だけだったのに対して、大学時代は楽器を演奏して、ライブに出ていた。雑誌に注目のミュージシャンとして掲載されたこともある。「中身で認めてもらっている」と感じて、大きな自信に包まれた。

青さんのじつに注意欠如・多動症者らしいところは、その冒険精神に依拠した暴走ぶりだ。

向かった先にはドラッグが待っていた。「映画『トレインスポッティング』の世界ですよ。度が過ぎた好奇心旺盛が止められない。いわゆる『キメセク』です。女の子も僕もキメて、三日も寝ないでやってる。麻薬、コカイン、覚醒剤を香水のアトマイザーに入れて、火で炙ってストローで吸う」。

彼が試したドラッグを口にしながら、「でもリタリンは効かなかったです。普通になるだけですもん」と感想を述べたとき、私は笑ってしまった。リタリンは以前、注意欠如・多動症のための処方薬として日本で認可されていて、私たちが健常者のような覚醒を得られると評判になったのだった。定型発達者でもソフトドラッグとして常用する人が出て社会問題になり、いまでは違法薬物に指定されている。

ドラッグに関して最後に「打つ以外は一通りやりましたね」と発言したので、私はそこに彼なりの「こだわり」の匂いを嗅ぎとって、さっと食いついた。「なぜ注射器は嫌だったんですか」と尋ね、答えてもらう。「汚い印象があったんです。自分の体が汚れると感じた。あくまでファッション感覚でやってるんだというところに留まりたかった」。この独特なモラル観が、いかにも自閉スペクトラム症的でおもしろいような気もするが、しかし定型発達者でも何を清潔で何を不潔かと見るかは千差万別だから、あるいはこの問題は発達障害に無関係かもしれない。「打ったことがある人は、『別物だよ』って言ってましたけどね。やめられなくなるって。だから打たなくて良かったと思います」。

ドラッグによって音楽の嗜好も変わったという。「草（大麻）やってたときは、ヒップホップ系のバンドにいたんです。でもケミカル系をやるようになって、トランスが好きになって。あのころはキノコ（マジックマッシュルーム）も合法で食べることができた。サイケデリックになりながらパコってる（セックスしている）。尿道から血が出たことがありました。医者に行くと、無茶苦茶なことやり過ぎてるのでは？　って釘を刺されました」。

「ドラッグも行きつくとシモに行くんですよね」という発言を聞いて、この方面に知識の浅い私は意外に思った。性欲が満たされるだけでは不充分と感じるからこそ、ドラッグに依存するという予断を抱いていたのだ。青さんは「それは違うんです。むしろ三大欲求のどれかが肥大化します」と断言する。「一日中、AV見てヌいてましたね。睡眠を削ってまで性欲を満たそうとするのがジャンキーなんです」。

大学を卒業しても、フリーターをしながらバンド活動を続けた。素行は荒れたままだった。「友だちの彼女に手出したことがあって、すっごい盛りあがったんです。別の友だちの結婚式の二次会でした。こっちも彼女がいて、四人で飲んでいたんですけど、向こうのほうからテーブルの下で足を使って、仕掛けてきて。こっちも酔っているからエンジンが掛かって。その子がトイレに行ったときに、壁ドンしてキスしたんです。で、連絡取りあって、チョメチョメしてたんですけど、なんかでバレてしまった。僕、僕の彼女、浮気相手の女の子、僕の友だちと四人が集まって修羅場になったんですけど、僕の彼女が浮気相手と僕の友だちを丸めこむために、僕を派手に平手打ちしたんです。で、『ほら、こいつも恥かいたんだから、これで終わりにしてくんないかな』って。その彼女とはいまでも友人として、つきあいがあって、妻とも一緒になって三人でご飯をする仲。ソウルメイトというやつかもしれませんね」。

三〇歳をすぎめっきりモテなくなった

学生時代から鬱状態になることはあったけど、ドラッグの副作用かなと考えていた。しかしだんだんと鬱が深刻化していく。「水商売の子のところに転がりこんで、依存して生きてました。精神的依存は大きかったです。ロマンチックな感情はなかった。ドライです。女性をモノとしか見ていなかった」。

周囲の音楽仲間たちは、ドラッグの問題で逮捕されていった。「自分もいずれそうなる、やめよう」と決意した。私は薬物依存症の自助グループを見学したことがあり、脱却が難しく苦しんでいる人が多いことを実感していたため、「すんなりやめられたんですか」と尋ねた。「完全に抜けるのに五年くらいかかりましたね。自分の人生を俯瞰して見たときに、一度しかない人生なのに、逮捕されて時間が奪われるのがクソダサいなって思って、離れていきました。『ドラッグ・イズ・マイ・ライフ』になる人も多いから、自分の場合は通過儀礼で終わって良かったです」。

二〇代が終わりに近づいてバンドマンとしての生活に見切りをつけた。自分たちの音楽業界とも深く関わる広告代理店の仕事に興味が高まっていた。だがそこでも依存的になったという。「ブラック企業なんだけど、やり甲斐はあって技術を磨きました。いま思えば躁転してました。寝てないオレ最高、みたいな状態。で、結局鬱病で苦しくなって。病院を渡り歩きましたね。どんな薬でも出すひどい医者にも出会いましたよ」。

バンドマン時代に父親が元プロ野球選手だという事実は広まっていた。いまでも青さんの本名をグーグルで検索すると、バンドマン時代の青さんに関する写真などと共に、父親の情報がいろいろ出てくる。「そうこうするうちに、父親に対するわだかまりに、決着がつきました。もうみんな知ってることで、これは仕方ない。受けいれるしかないって腹をくくったんです」。

そんな決意でバンド活動から足を洗って、三十歳を過ぎ、新しい人生への船出。失職婚活を始めたところ、青さんはめっきりモテなくなっていることに気づいた。失職しても、「あなたの職歴じゃどこにも紹介できませんよ」なんて言われて、恋愛に発展しそうな出会いがあっても、社会経験の足りない幼稚な男として敬遠されるようになった。「学生なんかの社会人経験がない子だったらなんとかなったんでしょうけれど、さんざん遊んで、もうそういうのはいいやっていう心境になっていました。落ちつけるパートナーがほしいけど、そういう人は僕なんか相手にしてくれない。元バンドマンとして落武者になっていた。デートしても一、二回会うだけで捨てられる。中身のない人ねって判断されてるんです。あなた稼ぎが少ないじゃないって見下されて。若者の恋愛なら勢いでセックスして、そこから始まる関係も築けたけど、それが通用しなくなってしまって」。

青さんの非モテ人生は何年も続き、青さんを消耗させた。だが、それでも帰国子女の女性と気が合いやすいことに気づいてゆく。「たとえばイギリスに一〇年いて、それからアメリカに三年、そして日本に帰ってきたというような人です」。私の過去の恋人も海外によく仕事に行ったり、外国人だったりしたことを思いだす。私の口元に苦笑いが浮かぶ。青さんは私の気持ちを知らないまま、私がかつて感じていたことを語った。「彼女らは『普通』の日本人の尺度でものを見ないからです。僕をひとりの人間として見てくれる。それがほんとうにうれしくて」。

低迷しながら生きていると感じつづけた三〇代の終わりになって、のちに妻となる帰国子女の女性に出会い、熱烈に求愛した。「立食パーティーで出会いました。三グループが参加していて、彼女は別のグループだったんですけど、衝動的に乱入して話しかけてみると意気投合して。狙って話しかけたんじゃないけど、話しているうちにこの人しかいない！　と感じました」。

そのように感じてもうまくいかない発達障害者の男性はとても多いと思うのだが、青さんは「元プレイボーイ」の技術を駆使して連絡先を聞きだし、口説きおとすことに成功する。四〇代を迎える年に、なんとか結婚。四〇代前半でも結婚できる気配のない私にとっては、うらやましい限りだった。青さんが発達障害などの診断を受けたのは、結婚したのと同じ四〇歳のとき、つい去年のことだ。

諦めたはずなのに、音楽にすくわれた

三〇代半ばから青さんの仕事は軌道に乗って、自信が揺らぐことはなくなった。広告代理店で働いている人間として、自分のアイデンティティが定まったと感じる。その後、レコード会社に転職したものの、広告関係の仕事は続けている。「タスク管理のできない自分が、それやってるんですから、おかしくって。周りの人も

音楽畑出身のやつが多くて、まともにスケジューリングできないから、僕がやってる」。私は「まあ、音楽業界の人って発達障害者が多そうですよね」と感想を述べると、青さんは笑った。「社長にもＡＳＤがあるみたいで、やたら馬が合って、かわいがってくれます。バンドマンをやっていたときの経験が役に立つこともあって。寄り道したことが、かえって役に立っているのかなって思ってます」。

音楽を諦めたはずなのに、めぐりめぐって音楽に救われた。そう思うと、私は青さんの人生に力強く励まされる。「妻がサポートしてくれるから、やれてるんです。子どものころからの強い衝動性を抑えられているのは、ひとつには薬の力。ひとつには自己認知のグループワークを受けたことです」。

バンドマンの時代、婚活難の時代、結婚した会社員の時代。人生のステージがどんどん移ろっていく。「そのうち経営者になろうと思うときがくるかもしれませんね」と青さんは想像をめぐらせる。

「普通」はどんどんアップデートする

青さんと会話していると、彼が最強の敵と見なしているのは「普通」だということとが、ひしひし伝わってくる。

横道：日本が窮屈だと感じているんですよね。

青：はい。「普通」が狭いんです。「普通はそうじゃないでしょ」とか「普通はわかるよね？」とかよく言われる。「それ、あなたの普通ですよね」って感じます。

マコト：奥さんの「普通」はどんな「普通」ですか。

横道：夫婦喧嘩をしても、彼女は絶対に「普通」という言葉を使いません。それぞれの人に、それぞれの「普通」があるって知ってるんです。

読者のなかには、青さんのこの発言に首肯《しゅこう》しがたい人もいるかもしれない。遊ぶ女性を取っかえ引っかえのセックス三昧、違法のドラッグまでやっていた。そんな人が「普通」を批判するなんて、と。「おまえはもっと普通にしてろ」と非難したい人もいるかもしれない。

しかし、彼の暴走だらけに見える過去の体験は、私たちの生きづらさを背景としている。私たち発達障害者がこれほど生きづらい環境に放りこまれていなければ、青さんの人生もずいぶんと違ったものになっていただろう。だから私は、私自身もいつも「普通」をアップデートしたいと目論んで生きてきた者として、青さんを改めて、大袈裟に言えば「同志」として、簡素に言えば「仲間」として、大切に感じるのだった。

青さんが働いている音楽業界は、世の中の流行と人々の消費の傾向に激しく左右され、人や商品の移り変わりが激しい。つまり「普通」はどんどんアップデートされていく。発達障害者の青さんだからこそ、そんな音楽業界に惹かれたのだろうし、そんな音楽業界だからこそ、青さんに活躍できる場を与えているのだろう。これからも彼は、彼自身の人生を通じて「普通」のアップデートに挑んでいく。

第三章

ノンバイナリーのしぇるどんさん

自閉スペクトラム症の当事者には、解離性同一性障害を併発している人もいる。解離性同一性障害とは、いわゆる多重人格のことだ。主たる人格のほかに、複数の人格を内面に宿し、それらの人格をスイッチしながら生きている。スイッチは原則として自動的に起こり、主たる人格の制御下には置かれていない。

ＳＦ小説の名作『アルジャーノンに花束を』で知られるダニエル・キイスは、多重人格をテーマとして、小説『五番目のサリー』やノンフィクション『24人のビリー・ミリガン』を刊行したことがある。私が思春期を過ごした一九九〇年代には「心理学ブーム」があったが、私はこれらのキイスの本を読んで、否定的な読後感を抱いた。「多重人格なんてウソくさいなあ」と感じたのだ。自分の身近にそういう人がいると耳にしたことはなかった。

高校生から大学の新入生にかけてそれらを読んだ私は、図書館で専門知識を汲みあげる実力をまだ蓄えていなかった。インターネットは黎明期《れいめいき》だったから、ウィキペディアも登場していない。発達界隈で人間関係を築くにつれて、もっとも衝撃を受けた事実のひとつは、多重人格はけっして空想の産物ではないという事実だった。その当事者として会話すると、外見がそのままなのに、突如として中身が別の人間へと交替してしまうのだ。

今回取材したしぇるどんさんは、そうした多重人格を備えた発達障害者だ。体は女性だが、性自認は女性とも男性とも言いきれないという感覚を持っている。自閉スペクトラム症者は性的指向が曖昧になることについて、ラガーさんの章で指摘したが、性自認に関しても同様だ。それははたして自閉スペクトラム症の問題なのか、多重人格を含む解離（現実に空想的要素が混入する精神現象）の問題なのか、あるいはその両方なのか、私には見当がつかない。

しぇるどんさんは芸大に通っている。人生はこれからというところだが、発達障害者、かつ多重人格者、かつ性的少数者というトリプルマイノリティとしての人生は、しぇるどんさんに、すでにさまざまな苦難をもたらしてきた。その実態に迫ってみよう。

二宮金次郎と呼ばれていた小学生時代

しぇるどんさんは二一歳。長女として生まれた。一歳下の弟がいる。高校の卒業後、二〇一九年の四月に広汎性発達障害と解離性同一性障害を診断されている。広汎性発達障害とは、かつて典型的な自閉スペクトラム症や注意欠如・多動症が診断されない場合、当てられていた診断名だ。かつて自閉スペクトラム症と注意欠如・多動症が併発しているという診断は、過剰診断として禁じられていたのが原因だが、現在では両者の併発が正式に認められるようになり、広汎性発達障害という病名は廃止された。診断を受けていないが、しぇるどんさんは自分に限局性学習症（SLD）もあると考えている。限局性学習症とは、かつての学習障害（LD）の新しい名称で、読字や書字、算数の計算などに困難がある発達障害を指す。

自閉スペクトラム症の特性として思いあたることとして、他者に対する興味が弱く、本ばかり読んでいたことを、しぇるどんさんは思いだす。「登下校中も本を読みながら歩いていたので、二宮金次郎と呼ばれていました」。私は思わず笑ってしまった。というのも、それはまさに小学生だった私が、担任の教師からつけられた渾名《あだな》そのものだからだ。私としぇるどんさんは年齢が二〇歳ほど開いているというのに、教師たちが読書家の児童に「二宮金次郎」の呼び名を与える文化をいまだに共有している。

しぇるどんさんは語る。「本の主人公になりきって、場面を再現して遊ぶんです。それにつきあってくれる子だけが友だちでした」。友だちが少ないから、心のなかで飼っている小さな犬とおしゃべりして、自分を慰めていた。自閉スペクトラム症児は、このような「イマジナリー・フレンド」（空想上の友だち）を持ちやすいことが知られている。いまでもしぇるどんさんは、自分の部屋でぬいぐるみたちとおしゃべりしているそうだ。

自閉スペクトラム症者をとりこにする収集活動にものめりこんだ。色のついた石。鉛筆の折れた芯。鉄道駅に置かれていたポケット時刻表。週刊マンガ雑誌から特定の数字のページ、たとえば「五〇ページ」だけを破りとって集めた。収集活動を楽しむ者がすべて自閉スペクトラム症者というわけではないだろうが、一般には価値を認めづらい物品の収集にのめりこんでいる場合は、自閉スペクトラム症の特性が強いと考えられる。

注意欠如・多動症の特性としては、忘れ物が顕著だった。小学校に通学するための定期券を、しょっちゅう自室に置いて家を出てしまう。付き添いのおとなたちから運賃を貸してもらうけれど、貸りたことを忘れ、親に説明するのも忘れる。大量の請求を受けとった母親はびっくり仰天ということになる。友だちや学校から何かを借りても、借りたことを忘れ、自分のものだと錯覚した。返すように督促されたが、学校に持って行くのを忘れ、返しづらくなる。

ノンバイナリージェンダーと多重人格

男性でも女性でもない、あるいは男性でも女性でもあるような性自認は英語では「ノンバイナリー・ジェンダー」と呼ばれる。「ノンバイナリー」とは「二者択一ではない」を意味し、つまり「男性か女性か」という従来の二元論では捉えきれないという概念だ。英語では代名詞として〝they〟が使われ、伝統的に複数の意味を持つ〝they〟（彼ら、彼女ら、それら）とは異なり、単数形として使用される。〝he〟（彼）でも〝she〟（彼女）でも事物としての〝it〟（それ）でもない、第四の単数の人称代名詞。

以前、歌手の宇多田ヒカルがＳＮＳのプロフィールで〝she/they〟と記したことが話題になった。一応は女性だが、ノンバイナリーだと自認しているという意味だ。宇多田は自分の性自認が女性と言いきれず、ノンバイナリー・ジェンダーだと自己を再定義しようとしたのだ。しぇるどんさんもこの〝she/they〟の感覚を持ちあわせている。

最近になって「ノンバイナリー」という呼び方が広まってきたが、日本では二〇年ほどのあいだ、一般に「Xジェンダー」という用語が使用されてきたので、現在は用語の転換期に入っている。「X」は既成の概念では理解できない性自認を意味している。体は女性だけど性自認はノンバイナリーの場合は〝FtX〟と、体は男性だけど性自認はノンバイナリーの場合は〝MtX〟と記したりして、SNSのプロフィールなどに載せる。Xジェンダーには男と女の中間にある中性、男でも女でもある両性、男でも女でもない無性、時と場合に応じて男性と女性の比率が変化する不定性があると言われてきた。

しぇるどんさんに尋ねてみると、「不定性だと思う」と答える。「そのときに好きになった人の性別が女なら自分を男性的、男なら女性的と感じています。たとえば男性でかっこいいと言われている人に乙女心がキュンキュンするときは、いま自分は女性かな、と考えます。でもはっきりそうだと感じているわけではないです」。

じつは私も自分の性自認について、しぇるどんさんと同じ感じ方をしていて、私はこれを発達障害に由来する「疑似的な不定性」だと考えてきた。Xジェンダーのコミュニティに属する人たちと交流した経験があるけれど、彼らは外見にせよ内面にせよ、文字通り「中性」や「両性」や「無性」や「不定性」の印象を与える。そして、恋人や恋愛対象について尋ねると、多くの場合、肉体面では同性愛者なのだ。つまり、トランスジェンダーの多数派に通じる側面がある。

他方、発達界隈で自分は「Xジェンダー」や「ノンバイナリー」だと語る人は、外見の印象や雰囲気は、肉体の性と一致していることがほとんどだ。恋人や恋愛対象を尋ねると、多くの場合、肉体面では異性愛者で、つまりトランスジェンダーの多数派とは似ていない。そうでありながら私たちは、つまり一部の発達障害者は、内面的には自分を「中性」や「両性」や「無性」や「不定性」と感じている。

それで私は、自分は「疑似的な不定性」だと考えるようになったのだが、性的マイノリティの自助グループをやっていても、この方面での自分探しは終わっていない。おそらく定型発達者のノンバイナリー・ジェンダーとは別の回路で、つまり自閉スペクトラム症による自我の不安定さが関与することによって、標準的な性的少数者に類似した感じ方をするようになっている例が多いのではないか、と一応の仮説を抱いている。だが、しぇるどんさんの場合は多重人格者で、人格の半数は男性だから、事情はもっとややこしい。この問題は、少しあとでまた考えてみよう。

ノンバイナリー・ジェンダーとして経験した印象的な体験について、しぇるどんさんに聞いてみた。「保育園のとき、雛祭りで写真を撮ったんです。お雛様の衣装を着たんですけど、隣の男の子はお内裏さまで。かっこいい青いお内裏様になりたいって思って、自分がそっちの衣装を着たくて、お内裏さまの笏《しゃく》を奪って、握りしめたまま撮影しました。その写真が残っています」。「保育園のあと幼稚園に入ったんです。制服はなくてズボンを履いてました。サッカーを習っていて、男女が分かれてチームになりました。園児は全員参加の行事。自分は男の子か女の子かわからず、佇んでいました。すると、誰かの母親が私を男の子チームにつっこんだんです。先生は驚いて女子チームに移してくれました。私の母は、私が男女のどちらかわかってないことに衝撃を受けてました」。

解離が始まったのは小学三、四年生のころからだ。国立の小学校に通っていて、厳しい教師が担任だった。しぇるどんさんは問題児と見なされ、ほかのクラスの先生も監督するようになった。結果、しぇるどんさんは逃げ場をなくしてしまう。九歳の夏は、人生でもっとも解離がひどかった時期だという。「しょっちゅう記憶がなくなるんです。キャラが違う。国語以外の教科が苦手で、授業中に指名され、発言を求められないように息を潜めていました。そして、ふっと気がつくと授業が終わってるんです。しかも『当てられると積極的に発言する人』と評価されて。記憶がないのに、自分がいつものキャラとは違うふうに行動した形跡が残っていました」。

そうしてしぇるどんさんの内部に別の人格が増殖した。最多の時期には、自分のほかに五人ほどの人格がいた。スイッチが入りやすい状況を尋ねると、責められるとき、疲れたときに、自分がいなくても良い気がして心がフワッとして、ぼんやりしていると別人格が出現するという。

私は内心で自分と比較してみた。私にも、多重人格ほどには発展しないが、解離がある。離人症的な傾向があって、よく自分が透明になった感じがする。思えば母親から肉体的暴力を振るわれていたときなどに、私も自分がこの世にいなくて良いのではと感じていた。そして、私には子どものころから他者の「キャラ」を取りこんで内面化しやすい傾向があった。序章でも述べたが、私はこれをギリシア神話の合成怪獣の名を取って「キマイラ現象」と呼んでいる。それらの私の精神現象を勘案すれば、私も多重人格を生みだす状況に近いところにいたのではないだろうか。

しぇるどんさんの内部には、いま主たる人格とは性別および年齢が異なる人格が三名いる。六歳の少年・舷人《げんと》くん・同年齢の女性・夢李《むい》さん。二八歳くらいの男性・雅紀《まさき》さん。人格は増減することもあるが、最近の数年は、この三人でほぼ固定されている。しぇるどんさんという成人女性の器に、ひとりの男児、ひとりの別の成人女性、ひとりの成人男性が押しこめられているという仕組みだ。男も女もふたりずつ。自閉スペクトラム症があるだけでも性自認が揺らぎやすいのに、しぇるどんさんの場合には、多重人格がその不安定さを強化している。

「パパ活」は、一種の自傷行為だった

小学校時代が半ばを過ぎたころ、しぇるどんさんは胸がふくらんできたのを憂鬱に感じた。しぇるどんさんにとって、それは「体が崩れていく」不快な体験だった。母親はこの問題に無頓着で、娘とブラジャーに関する話題を持つのを避けた。しぇるどんさんは、自分の身体の変化に狼狽《ろうばい》するばかりだった。「意識が体についていかなくて。小さいころの感覚のまま、体のラインが見えすぎる服を着たりとか、不適切な対応があったと思います」。

小学四年生のとき、下校中に性被害を受けた。男から自分の胸を触られて、相手の股間に無理やり手を当てさせられた。それ以前は性別を意識しなかったが、電車通学をしていたため、あらかじめ学校側から痴漢に対する注意喚起を受けていた。「そういうことをされるのは女の子」と言われていたため、「私は女なの!?」と動揺した。だが、しぇるどんさんはこの経験から心的外傷を負うことはなかったという。なぜなのかは自分でもわからない。

中学に入る前に初潮を経験した。「でも不定期にしか生理が来なかったんです。楽《らく》じゃん！　と思ってたんですけど、不定期だから予想外に生理が来て、かえって煩わしいこともありました」。

中学二年生の冬、「パパ活」を知る。「デートしたらお金もらえるんだ」という認識だった。売春という違法行為だとは知らなかった。「お小遣いがなかったので、アプリで相手を探しました。初めての人は、年齢を聞かなかったですが、三〇歳前後だったのかな。私は見た目が年齢より幼いのもあって、そういう人を刺激してしまうんだと思います。初めてのデートのときは薄着をしてほしいと求められて、そのとおりの服で行きました。それだけで『ご飯代』をもらえて、こんなのでお金をもらって良いのかとびっくりして。もちろん恋愛感情はなかったです。ネットで情報を探して、そのうち体を求められると知りました。いつされるのかなと待つ時期が、しばらくあって。一五歳になった日に、『誕生日祝い』と言われて、そういう関係になりました。気を遣ってくれたから、嫌な記憶はありません。『誕生日で、おとなになったから、いままでしなかったけど、こういうこともあるんだよ』って。普通の恋人として扱ってくれていたイメージがあります」。

私は「不快感はまったくなかったのでしょうか」と尋ねた。「自分が求められることが、嫌ではなかったんです。それに報酬のほうが優先順位が高かったです。その人とは二年くらいつきあって、向こうがフェードアウトしました」。私は「その人が好む年齢ではなくなったということなんでしょうね」と感想を述べると、「そうかもしれません」という。「その人がフェードアウトしていくころから、新しい人を探して、三人くらいとパパ活しました。三、四カ月くらい、彼氏が何人もいました」。

私は「そんなにお金が必要だったのでしょうか」と尋ねた。「何に使ったかは、あまり覚えていません。でも収集癖で、ジャニーズのグッズにたくさん注ぎこんでました。推しを決めて、団扇《うちわ》をたくさん集めるんです。嵐の大野くん、ＴＯＫＩＯの松岡さん、Ｖ６の三宅さん、あと関ジャニ∞の村上信五。自分が生まれる前に発売されたものも含めて、残らず集めていました。ヤフオクとかメルカリとか使って」。

しぇるどんさんが「でもグッズにしか興味がなくて」といったので、遠い世界の出来事と感じられる「パパ活」話に頭がくらくらしていた私は、私たちふたりの共通点に安堵した。私もかつて、アグネス・ラムや夏目雅子など、私より上の世代に愛好された芸能人の写真集や、昭和の男性・女性アイドルのシングル盤などを集めていた。それなのに、芸能界そのものには、過去も現在もほとんど興味がないまま生きている。不可思議なものに対する収集癖は、自閉スペクトラム症の「こだわり」の特性をよく体現してくれるから、おもしろい。

しぇるどんさんは、中学時代から高校時代にかけて、自暴自棄になっていたと語る。自宅で英語の学習塾を開いていた母親との関係がもつれてしまい、母親から指摘される「いたらなさ」で精神的に不安定になっていた。いまでは、当時のパパ活は一種の自傷行為だったと考えている。この年代の多くの女性たちがリストカットをするのと同様に、しぇるどんさんは不特定多数の男たちと体の関係を持っていたのだ。

高校一年生になると、母親から家庭教師として雇用された。小中学生の受講生の家に行き、「お姉さん役」として英語の勉強を見てあげる。しぇるどんさんの面倒見は良く、受講生たちは遊びの感覚を楽しみながら学習できる。そうなると、パパ活に割く時間がなくなってしまった。複数の男性と関係を維持しようと試みても、注意欠如・多動症があるしぇるどんさんは、スケジュール管理の能力が低い。それで家庭教師のアルバイトに専念することを決め、パパ活の日々は終わった。

私は、何人かの発達障害の女性たちから、「子どものころは優等生だったけど、成長すると周囲についていけなくて体を売るようになった」という話を聞いたことがある。しかし、一〇代の少女が家庭教師を務めるようになってから売春をやめた、という話は、しぇるどんさんから聞いたのが初めてで、とにかく驚いてしまった。

プライド・パレードで感じていた断絶

しぇるどんさんは、他者に対してなかなか関心を抱けない。おもしろい、かっこいい、かわいいなどの特別な評価を与えられる他者と出会った場合、その人を「知りあい」と見なすことにしている。その人への興味が深まり、もっと知りたい、一緒にいたい、楽しくてたまらないと感じると、「友だち」に昇格する。しかし、その先が難しい。「友だち」に対して独占欲が募ってくる。「これが恋愛なのだろうか？」と思案する。恋愛感情がどのようなものか、よくわからない。

しぇるどんさんは、社会生活を経るうえで与えられたジェンダー規範について話を広げた。「多くの人が同性同士で恋愛をしてはいけないと考えています。単純な『好き』は良いけれど、『恋』はだめ。この規範に影響されて、無意識にストレート（異性愛者）のように恋愛していると思うんです。ＡＳＤの『こだわり』が働いているのかもしれません」。

ルールへのこだわりによって、異性愛者化しているというわけだ。なるほど、自閉スペクトラム症の「こだわり」が、その人に固定観念をもたらしやすく、その人が受けいれた、あるいは受けいれざるを得なかった規範に対する意識を強化する事例は、自閉スペクトラム症者にしばしば見てとれることだ。私も自分なりに「世の中のルール」と見なしたものを、躍起《やっき》になって遵守しようとして、いつも懸命になっている。

中学三年生のとき、しぇるどんさんには好きな女子生徒がいた。彼女は実家の塾に通っていて、親密になったのだ。「あの独占欲は、たぶん恋愛感情だったと思う」と振りかえる。彼女とは、いまも仲が良い友だちだ。「相手は自分を友だち以上とは見てくれないから、諦めたんです」。

高校一年生のときにも、同級生の女子生徒に恋心を抱いた。「いまから思うと、この子もＡＤＨＤっぽい」と語る。「自分のことをどう思っていたか定かではないけど、親友以上恋人未満という感じでした。いまでも連絡を取りあっています」。

しぇるどんさんが一〇代のころ、世間では性的少数者に対する認知が急速に高まっていき、「ＬＧＢＴ」という言葉が社会に浸透していった。学校でも性的マイノリティに関する集まりがあると告知された。住んでいる市が後援する公の催しだった。しぇるどんさんは語る。「自分が『普通』じゃない、と薄々感じていたから、答えがあるかもしれないって思って参加しました。いろんな人としゃべりたかったんです。実際に話してみて、性の規範に対して同じような違和感を抱いているとわかった。でもあの人たちも定型発達者だから。相容れない感覚がありました」。

私もまったく同じような経験を重ねた時期があった。性に関する少数派という点では合致しているのに、なぜかその人たちともフィーリングが合わない。同じ「少数派」なのに、私やしぇるどんさんと彼らとのあいだには、発達障害者と定型発達者とのあいだの断絶が横たわっている。

高校二年生になると、性的マイノリティのプライド・パレードに参加した。友だちや知り合いとではなく、ひとりで出かけ、ほかの当事者たちと合流した。そこで出会った性的少数者たちの印象を尋ねた。「自分の芯がしっかりあって、明確な主張をしていたのが印象的でした。私はそうではなくて、場にそぐわないと感じました。うまく会話ができないんです。それに騒々しくて人がいっぱい。聴覚情報処理障害があって、対人交流も苦手なＡＳＤの私には向いていません。何時から何時までやるのかがはっきりしなくて、時間の感覚がわからないのも苦手だった。ＬＧＢＴの活動を私は応援したいけど、もう参加はできないなって思って。定型発達者の世界を感じました」。

私はしぇるどんさんに言った。「私には、自分が女性とだけ肉体関係があるのがバランスを欠いているような気がして、どうしても男性と性的な関係を持ちたかったことがあるんです。自閉スペクトラム症ならではの謎のバランス感覚だと思います」。しぇるどんさんが答える。「その気持ちはわかります。でも、女性と恋愛してはダメという規範意識に負けました」。しぇるどんさんは、性的マイノリティ用のマッチングアプリに登録したことはあっても、実際に同性の恋人を作ったことはない。私も同様だ。いわゆる同性愛者でない以上、現状より生きづらくなる選択肢を得ることは、すでに生まれながらの発達障害者の私たちの人生を、ますます困難にしてしまう。

しぇるどんさんは高校三年生のときに、異性愛者向けの、つまり一般的なマッチングアプリで「友だち探し」を始めた。かつてのパパ活とは異なる対等のパートナー探しをしたかった。大学二年生のとき、自分の性自認を打ちあけ、受けいれてくれた男性と恋人関係になった。どのような人なのだろうか。「建築関係の仕事をしています。ペースや息抜きの仕方が合っていると感じます。『うん、君はそうなんだね、私はこうなんだよ』と話しあいができて、妥協しあえます」。

母親は教育関係の仕事に就いているから、「人権意識」が高い。影響されて、母親が好むヒューマニズム系の映画やテレビドラマを見るようになった。それらの作品はしばしば性的マイノリティを扱っている。いまハマっているものを尋ねた。育児放棄されたダウン症の少年をゲイのカップルが引きとって育てようとするアメリカのヒューマンドラマ『チョコレートドーナツ』。イギリスのボーイズラブ作品『ハートストッパー』。それらをネットフリックスで見ている、と語る。

社会の「女性像」を演じられない苦悩

しぇるどんさんは合理的配慮を受けながら、大学に通っている。発達障害者の特性のひとつに、過集中がある。定型発達者を想定して作られた社会では、発達障害者にとってさまざまなものがハードルになる。それらを超えて生きていかなければならないため、爆発的な集中力を奮うべき場面が多い。そうした体験を重ねた結果、必要以上の集中力を生みだすトリガーが自動的に引かれるようになった。しぇるどんさんは、この過集中で作品制作に向きあっている。情熱の炎がめらめら燃える。習作にすら、ものすごい完成度を与えないと気がすまない。

とはいえ作品の制作には、発達障害ならではの困難もつきまとう。発達障害者は、興味や関心が湧かないものに対して定型発達者よりもずっと冷淡な傾向がある。着手できない課題が多く、遅刻しつつもなんとか提出に漕ぎつけることもあるし、諦めて単位を落とすこともある。

自閉スペクトラム症の「こだわり」は、当事者の美意識を鋭くするのに役立つ。しぇるどんさんはいわゆる「文字鉄」で、鉄道駅の標識などに採用された書体のマニアだ。トイレの扉に注意を怠らず、注意喚起のために流されるピクトグラムのアニメーションも偏愛する。自閉スペクトラム症者は重層的なものに苦手意識を抱きやすく、逆にいえばシンプル志向なことが多い。

自閉スペクトラム症の多くはミニマリストだ。たとえば私はミニマルデザインの家具やミニマルミュージックの愛好家だ。しぇるどんさんは、修悦体（佐藤修悦が警備業務のために開発したガムテープを貼りあわせて作る書体）に魅了されている。最近は映画のポスター（たとえば『ジョーズ』）を徹底的に省略して作る、インフォグラフィックと呼ばれるデザインに夢中になっている。私も視覚性にあふれる詩を作成した新国誠一《にいくにせいいち》や抽象芸術の巨匠たちのファンだから、しぇるどんさんの気持ちがわかるように感じる。

このように芸術との関わりでは自己実現に成功しているしぇるどんさんだが、生きづらさが減ったとは感じていない。成長するにつれて経験値が増え、ライフハックを身につけていく。しかし、いつまでも快適さには到達しない。「人と会話するときはテンプレートを暗唱している感じです。でも立場が増えるにつれて、発言すべき内容が多様化していきます。要領が悪くて、むかし使っていて不要になったテンプレートを捨てられません。もう使えないセリフを言って、不適切に使用してしまったな、文脈に合わなかったかなと反省することもあります」。

何より、社会から求められる「女性」像を演じられないことへの苦悩が募ってゆく。「いまの社会では『普通』に合わせて、『普通』らしく振るまうことが求められています。でもASDがあると、空気を読んで周囲に合わせられません。理解しがたいルールを遵守するのが苦痛です。定型発達者とは共感のあり方が違っていると思います」。私自身も若いころからずっと悩んできたことだ。いや、いまでも悩みつづけているといったほうが良いかもしれない。

しぇるどんさんの恋人は、当初はしぇるどんさんの性自認を受けいれてくれているかのように見えたが、実際には交際してもらうために、そんな素振りをしていただけのようだ。「私に女らしくオシャレをして、かわいくしてくれって言うんです。料理がじょうずであってほしいと求められていて困っています」。

性自認が曖昧ということもあって、美大に通っているのに、しぇるどんさんはファッションに興味が薄い。自閉スペクトラム症に付属する感覚過敏も作用して、身につけるものに苦痛を感じやすく、デザインなどを二の次、三の次にしてしまう。それに服装に気を遣うよりも、自分が特別に凝っている対象にそのお金を回したいという思いが強い。「地味でもめっちゃ派手でも気にならない。初めていまの彼氏とデートに行ったとき、格好がやばいと言われて、まず服の買い出しに行きました。で、着替えてからデートを続けました」。

しぇるどんさんは未就学児のころから、女性が怖かったと語る。「ヒステリックな母親を見て育ったからだと思います」。痴漢の体験やパパ活は怖くなかったのでしょうかと尋ねると、「それはなぜか怖くなかった」という。「噂話をする同年代の女子のコミュニティも苦手でした」。おそらく女性間には、男性間や男女間よりも同調圧力が働きやすく、それがトリプルマイノリティたる異端者のしぇるどんさんに、大きな圧迫感をもたらすのだろう。

壊れっぱなしの「分人」のメカニズム

しぇるどんさんの身長は一五〇センチメートルにも達していない。「胸を潰して服を着たり、男装したり、ベリーショートのツーブロックにしたりしました。でも私がそうやっても、そこにいるのは『男子小学生』か『性別不詳のチビ』ということになってしまう。だから諦めています。社会やコミュニティから警戒されないように擬態しないといけないです。女性専用車、更衣室、トイレ、夜道などで、女性なのに男性と誤解されると厄介ですから」。

しぇるどんさんは「わけがわからない人生だ」と感じ、苦しんでいる。発達障害、多重人格、性的少数者の属性がもつれあい、混乱は深まっていく。同じように複数のマイノリティ性を備え、混乱しながら生きている私は胸を締めつけられた。私もしぇるどんさんも自己認識が曖昧で、場面ごとにぎこちなく演技をしながら生きている。発達障害者による定型発達者の「擬態」だ。私は「分人」という考え方を思いだした。

横道：作家の平野啓一郎さんが、個々の人間は、ほんとうは単一的に完結した「個人」ではなく、場面ごとのキャラをたくさん備えた「分人」だと言って話題になったことがあります。

しぇるどん：はい。

横道：私はこの考えが理解できないわけでないけれど、なんとなく反発を感じてしまうんです。自閉スペクトラム症があると、「キャラの使いわけ」が不得意だから。私は「キマイラ現象」と呼んでいますが、他者と交流すると、それぞれの人のキャラに影響を受けやすく、「私」が侵食されてしまうんです。自閉スペクトラム症の人には起こりやすいと思います。結果、「分人」のメカニズムが壊れっぱなしになっている。人間はほんとうは「分人だ」という考え方は、定型発達者にはヒントになると思うけど、発達障害者の苦労は射程に入っていない気がします。私は「キャラの使いわけ」ができる「定型さん」とは別世界に生きてるんだな、と疎外感を刺激されてしまって。

しぇるどん：分人、初めて聞きましたけど、私はわかりますよ。仕事中はしっかりしていて、周囲に頼られるけど、家ではだらしないというようなことですよね。でも私にはそれとは別に独立した人格があります。夢李ちゃんは私より奔放だけど、その場その場をわきまえている。私にはできないことです。私はあまり空気が読めないけど、舷人くんも雅紀さんも自分には読みきれない空気を悟って、私よりもうまく演じてくれる。

横道：そうなんですね！　多重人格といっても、ひとつの脳を共有していて、源泉は同一だから人格ごとに能力の差はないんじゃないかと思っていたんですけど、そうではないんですね。

しぇるどん：能力は人格ごとに違います。私は自分が普通ではないことを知っています。ですから、「分人」の考え方が不充分だと感じても反発はありません。

しぇるどんさんの過去のさまざまな経験は私にとってピンと来るものが多かったから、私は「分人」に関する考え方でしぇるどんさんと意気投合できるのではないかと思っていたのだが、それは叶わず、少々の拍子抜けを感じた。私はいつも、発達障害を「脳の多様性」の少数派として解釈しなおす思考実験に取りくんでいる。しかし、しぇるどんさんはおそらくそうではない。そしてしぇるどんさんには多重人格がある。多重人格は通常「脳の多様性」の議論の埒外《らちがい》にある。「脳の多様性」は、精神疾患のうちでも、発達障害の再解釈を狙った議論だからだ。

だが、多重人格を「脳の多様性」と見なす考え方はほんとうに無理があるだろうか。たとえば双極性障害は発達障害ではないが、完治が難しく、注意欠如・多動症に似た性質を帯びていることから、この障害の当事者を「脳の多様性」の体現者と見なす人はいる。自閉スペクトラム症者が、私のようにキマイラ現象をもたらし、しぇるどんさんのように多重人格をもたらす以上、これらの事象も「脳の多様性」の議論に引きいれても良いのではないか。私やしぇるどんさんが、自閉スペクトラム症の結果として、自分を男性的にも女性的にも感じたり、あるいは男性でも女性でもないように感じたりするのは、性的マイノリティの諸問題と同じく社会で広く受けいれられて良いのではないだろうか。

私の解離はしぇるどんさんほど深刻ではないから、私が無意識に「自分はまだ普通の側だ」と考えてしまっている可能性もある。それだけにキャラの使いわけ、つまり「分人」ができない私を、平野啓一郎の考え方が「おまえはやはり普通ではないよ」と指摘しているかのように感じて、困惑してしまうのかもしれない。しぇるどんさんは私よりも「普通」から隔たって生きている。それが、しぇるどんさんを苦悩させつつも、私よりも高い境地でものごとを理解する視座を与えているのかもしれない、と私は思念をめぐらせた。

第四章

愛の当事者研究に励む鷹村了一さん

ローナ・ウィングは、「知的障害がない自閉症児」を再発見し、先行する発見者ハンス・アスペルガーを顕彰して、そのような自閉症児の症例を「アスペルガー症候群」と呼んだ。そして彼女は、そのようなアスペルガー症候群を「社会性の障害」「コミュニケーションの障害」「想像力の障害」という「三つ組の障害」によって特徴づけられると説明した。

自閉スペクトラム症があると、脳の認知特性が少数派に属することになるから、当然ながら多数派とのあいだに「社会性」を構築し、「コミュニケーション」を取り、「想像力」を働かすことは難しくなる。そう考えれば、自閉スペクトラム症が「障害」として扱われる不公平さに、光を当てることができる。かりに世の中の多数派が自閉スペクトラム症者で、少数派が定型発達者だったとしたらどうなるか考えてみていただきたい。その場合、多数派の自閉スペクトラム症者のような感じ方や考え方ができない定型発達者の側に、社会性の障害、コミュニケーションの障害、想像力の障害が発生することになるはずだ。

いずれにせよ、自閉スペクトラム症者はつねに生きづらい状況に置かれているから、それだけ過酷な人生のサバイバルを要求される。いつも真剣に知恵を絞って、世の中をギリギリで渡って行かなければならなくなる。その結果、彼らはどのような人間になるか。彼らはしばしば、定型発達者たちの社会性、コミュニケーション、想像力を研究対象として、「定型社会」の解明に絶大な関心を寄せるようになるのだ。私はまさにそのような自閉スペクトラム症者のひとりとして生きてきたし、今回インタビューした鷹村了一さんも同様だ。

鷹村了一さん（以下、了一さん）は二五歳。長野県で生まれ育ち、いまも長野県にある工業製品を作る会社で働いている。大学時代に注意欠如・多動症と自閉スペクトラム症を診断された。不注意によるさまざまな失敗を日常的に体験していて、出費がかさむのが大変だと語る。それはどれほどのものだろうか。

「社会人になってから四年目なんですが、そのあいだでもう三台目の車を買いました。車が趣味ということではなくて。車がないと生活できない地域に住んでいて、毎日乗っています。そして毎日のように、どこかにぶつけている。スマホよりも買いかえるペースが早いんです」。

車を運転しない、正確には運転できない私は、この体験を聞いて、自分が運転免許を取らずに生きてきてほんとうに良かったと感じた。私は日常生活でも体をあちこちにぶつけやすく、まさに了一さんのようなドライバー人生を送ることが容易に予想されたために、一度も自動車学校に通おうとしなかったのだ。

不注意だけど、やたら気の利く子ども

了一さんは現在まで実家で両親と暮らしつづけてきた。しかし彼と話していると、不思議なくらい家族の話を口にしない。どうやら両親と良好な関係を築けていないらしい。両親ともむかしから子どもに関心が薄く、深刻な対立に至らないまま、冷えた関係を維持してきたようだ。姉がひとりいるが、やはり自分に興味を向けてくれず、ほとんど会話することがない。そのような家庭状況にあったので、了一さんは自立心が旺盛な少年時代を過ごした。

幼稚園のころは、家にあったピアノでデタラメに作曲するのが好きだった。楽器を習っていたわけではなく、指の動きに合わせて鍵盤から異なる音が出るのをおもしろいと感じたのだった。いまでは発達障害の過集中だったと考えている。しかし楽譜を読めるわけではないから、この遊びにはまもなく飽きて、投げだしてしまっ

た。

小学生になると授業に集中できなくて苦しんだ。教室にあるいろんなものが気になって、教師の声が耳に入ってこない。必ずしも成績が悪いわけではなかったが、社会科の歴史関係の知識にはまったく関心が持てなかった。了一さんは、知覚統合と呼ばれる能力の知能指数が低い。この能力は非言語的な認識をつかさどり、指数が低いと自己や他者の考えを簡潔にまとめられない、部屋や身の回りの空間がわかりにくく整理整頓ができない、その場ごとの微妙な「空気」が読めず、頓珍漢《とんちんかん》な受け答えをしてしまうといった厄介ごとが起きる。そのため、歴史の複雑な事象が意味するものに鈍感になり、「学んでなんの意味があるのか」と反発したり、創作物の重層的な構造が読解できず、「創作は現実じゃないから理解できなくて問題ない」と拒絶したりする当事者もいる。

了一さんは特に不注意で困った。登校する際にランドセルを家に忘れてしまったことがあるという。私にもそんなことがあった。何かに夢中になって友だちからはぐれたことがあるという。私もそうだったと思いだす。了一さんは小学三年生の夏休みを回顧してくれた。国語の教科書を読み、どの箇所を読んだかを記録し、親にハンコを押してもらう。しかし、そのための記録用紙をなくしてしまい、パニックに陥って、自殺をするために家の二階から（！）飛びおりようとまでした。そのうち、まだ白紙のままにしている友だちの用紙をコピーすれば良いとひらめき、ことなきを得た。了一さんはこのように不注意に振りまわされる一方で、やたら機転が利く、頭の回転が早い子どもでもあった。

了一さんの世代では、トレーディングカード・アーケードゲームの「甲虫王者ムシキング」、現代版ベーゴマとして売りだされた「ベイブレード」、ニンテンドーDSの各種ゲームなどが子どもの文化として人気を博していた。了一さんはそれらに興味が湧かず、やがてサバゲー、つまりサバイバルゲームに夢中になり、おもちゃで武装して長野の山野を駆けまわった。戦闘訓練をしていると過集中に入り、時間は溶けていった。

小学二年生のときに、初めて女の子を意識した。「ただただかわいい子でした」というから、外見が優れたクラスのアイドルだったんですかと尋ねると、「そういう感じじゃなくて。僕の趣味の顔だったんです」という。「くちびるや輪郭が良くて」。隣の席だったことが二、三回あり、仲良くなろうとしたが、特別な進展はなかった。

小学四年生のとき、異性に対する関心の強さを自覚した。「めちゃ気になる女の子がいて、会いたいという感情が芽生えて、自分に驚いたんです」。席替えをしても、奇跡のように何度も隣の席になったという。休み時間のあいだ、ずっと一緒にしゃべっていた。インターネットで情報を得て、オナニーを試してみた。「その子のことを考えながらやりました。でも気持ち悪かったです。下着が汚れるし。快感もたいしたことはなかった。癖になるかっていうと、そうでもない程度」。私は現実で知っている女性相手では、申し訳ない気がしていつもオナニーができなかった。またオナニーを始めたころは気持ち良過ぎて行為に夢中になったから、了一さんと私の差異はどこに由来するのだろうかと不思議に感じる。

了一さんは友人から「気持ち悪い」と言われることが多かったという。自閉スペクトラム症の男性がよく体験する「宇宙人扱い体験」だ。しかし了一さんの場合は、それだけに周囲の人々を研究し、社交的であろうと努めた。自分が浮いているだけに、コミュニケーションへの関心が深まったのだ。

小学五年生のとき、廊下を歩いていて六年生の三人組の美人グループに声をかけられ、交流するようになったという。「なぜ僕だったのかわかりません。でもペット扱いされるようになって。僕もその人たちもパソコンでチャットをやるのが好きだったから、どんどん親しくなりました。三人が僕を、街中あちこち連れまわしてくれて、めっちゃ興奮しましたね。なんでおまえがあんなきれいな人たちと一緒につて友だちからうらやましがられて」。

インターネットでアダルトビデオの無料映像を見るようになったが、「素人もの」が好きだったという。「というか、いわゆる『企画もの』が苦手なんです。物語の設定が作りこまれて、出てくる人も役柄に合わせて演技する。嘘っぽいしゃべり方が嫌いでした。いまでもそうなんです」。なるほど、しらける演技を見ていたら、性欲までしらけてしまうだろう。特に理解できない話ではない。

恋の成就のため当事者研究に取りくむ

中学生になってもサバゲーに夢中だった。部活では、田園地方を歩きまわるワンダーフォーゲル部に入った。サバゲーでは訪れないような場所にあちこち出かけるのは楽しそうと考えたのだ。この部活動で、別のクラスの同級生の女子を好きになり、その子の心を射止めるにはどうすれば良いのかと作戦をめぐらせるようになった。これが了一さんの当事者研究の原点だ。

当事者研究とは、疾患や障害の当事者がひとりで、あるいは仲間と協力して自分の苦労の仕組みを研究し、生きづらさを減らすという心理療法的実践を意味している。了一さんや私は日常的にこれに取りくんでいるのだが、了一さんの場合には「気持ち悪いと言われがちな自分がどうやって恋心を成就するか」という恋愛攻略法として、当事者研究を活用しながら生きてきた。

中学時代、友人たちのあいだでは「エロ本ブーム」が起きた。パソコンやスマートフォンを持っていない同級生が多く、父親や兄が所有していたエロ雑誌のグラビアを読んでオナニーをするようになっていたらしい。了一さんはパソコンを毎日操作していたから、映像を見ながらオナニーするのが普通で、このブームには縁がなかった。女性アイドルや女優がクラスメイトのあいだで話題になっていたが、了一さんはほとんど興味が湧かなかった。「芸能人を好きになっても、願望が満たされることはありませんから、つらくなってしまいます。芸能人は自分に関係がない人たちだって感じてしまうんです」。

中学時代の勉強は、当事者研究によって好成績を収めることができた。どうやったら勉強に集中できるか、どうやったら勉強意欲が持続するかを考察し、実践した。そして成績優秀者としての自分をアピールすることで、ワンダーフォーゲル部の彼女と恋人関係になることもできた。「体の関係はなかったです。一回だけハグしただけで。性的なことをやりたいって願望は、僕にはめちゃくちゃありました。でもアクションは起こさなかった。相手は何も求めてないんだろうなって想像できたからです」。知覚統合が低いと、空気が読めない「KY」になるのが普通なのに、人間観察に熱意を燃やしていた了一さんには、恋愛の機微がよくわかるのだった。それがあまりわからない私は、不思議な現象だと感じる。卒業をきっかけとして、ふたりの関係は消滅した。

女性的な情緒と男性的な行動力が同居

高校では登山部に入った。あいかわらずサバゲーも続けていた。今度は登山部の別のクラスの同級生を好きになった。部活仲間とLINEグループをやっていて、その女の子が、了一さんが何かに過集中している様子を撮って、LINEに投稿したのだった。それがきっかけでふたりは話すようになり、一緒に食堂に行って昼ごはんを食べる仲になった。六月から仲良くなり、八月に恋人になり、一一月に体の関係を持った。自分は童貞で、相手も処女だった。どちらの自宅にも日中から親がいて、ラブホテルは一八歳未満で利用できなかったという事情があったから、ネットカフェの個室を頻繁に利用した。

了一さんは語る。「セックスはめっちゃ好きでした。オナニーよりもぜんぜん良かったです。信頼できる人とじゃないとできない、っていうのが最高にいいんです。自分を受けいれてもらってる、ほかの人には見せない姿を見せあっているのが快感になります。キスと挿入行為が好きです。相手とつながっているという安心感がある。フェラチオをしてもらうのは苦手です。汚いからって、申し訳ない気分になる、舐めてほしいとは思わないんです。逆にクンニリングスは好きです。尽くしてあげるのが快感ですから」。

了一さんと話していると、性に関する行動や感性が私自身と似ていて驚く。了一さんは語る。「よく動くんで男っぽいと思われていますが、男性的な価値観は受けいれられないことが多いんです。情緒が女子っぽいねって、つきあった相手からよく言われます」。了一さんは私の分身のような気がしてくる。了一さんと私のこの共通点を、性に関するステレオタイプが混じっていて語弊はあるかもしれないけれど、「女性的な情緒と男性的な行動力の同居」と呼んでおこう。

クリスマスには、相手をおいしいレストランに連れていって楽しいひとときを過ごし、それからネットカフェに行って性交する。二年ほど交際した。了一さんはいつも満足し、浮気などをする気配もなかった。しかし受験シーズンの到来と同時にフラれた。受験に集中したいからということだったが、追及してみると、「自分よりもサバゲーを大切にしている言動が多くてイヤだった」と教えてくれた。サバゲーのための新しい装備を買うと、デートを断って遊ぶのに夢中になっていたのだが、なぜそれが悪いのかと了一さんは混乱した。自分の趣味に夢中になっているとき、恋人を恐ろしいほど邪険に扱ってしまう、という自分の一面に気づいていなかった。

とんとん拍子で婚約して、破棄される

高校を出ると長野県内の大学に進学し、工学部に所属した。サバゲーに関係する機械関係の知識も学べると考えて専攻を選んだのが、授業の内容はほとんど趣味に関係がなく、つまらなかった。

アルバイトをやってサバゲーの装備を整え、遊ぶ。しかし、ようやく小学生以来のこの趣味に飽きが来た。芸能人に対する趣味が少し芽生えた。小松菜奈や池田エライザが好みだという。「なんとなく怒っているように見える、見方によってはあ

まりかわいくないかもしれないというギリギリのラインに惹かれるんです。笑うとめちゃくちゃかわいいですから」。工学部には女子学生が少なかったが、ひとりがやたら気になってきた。「ふだんはそんなにかわいく見えないけど、笑うとギャップでめちゃくちゃ良くって」。

授業にもサバゲーにも退屈していたから、全エネルギーはその子を恋人にする作戦だけに注力された。自閉スペクトラム症者らしい強烈な「こだわり」が少なめの了一さんだが、身だしなみへの配慮は高まった。朝に風呂に入らないと気がすまず、ヘアセットをしないと外出できなくなった。ちなみに私は一日に五、六回は入浴し、天然パーマの髪型にはなんの対処もしていないのだが、私に関する話題は、いまはどうでも良いかもしれない。

工学部の数少ない女子が集まって、女子会を開くことになった。LINEでその情報を得た了一さんは、話しやすそうな雰囲気の幹事を務める女子と交渉して、「宴会芸を披露する」という名目で、その女子会に呼んでもらった。狙いはもちろん、例の彼女だ。当日、その子とLINEを交換することに成功し、彼女が好きなGReeeeNやaikoを自分も好きだという話をでっちあげて、一緒にカラオケに行こうと誘った。以後、たびたび一緒に行動するようになり、一カ月くらいで恋人関係になった。さすがは愛の当事者研究者、了一さんだと感心してしまいそうになる。そこに痺れる、憧れる。

大学二年生のころ、自分の性格についてインターネットで調べたことがあり、注意欠如・多動症だとわかっていた。三年生になると実験やゼミ、そして就活での失敗が重なるようになり、精神科を受診して診断を受けた。工場勤務に興味はなかったが、自宅から通えるからということで、就職先の工場を選んだ。

社会人一年目の終わりころ、仕事に慣れてきたかなと思うころに、花束を買って車のなかで、交際を続けてきた彼女にプロポーズした。相手は受けいれてくれ、互いの両親にも挨拶をしあった。ところが、彼女はそれ以前から職場でいじめられるようになっていて、鬱病になり、休職することになった。彼女の親はいわゆる「毒親」で、状況への対応が不自然だった。了一さんに電話をかけてきて、主張した。「このまま結婚しても、あの子は自殺するかもしれない。そうなると迷惑をかけるから、婚約を解消してくれないか」。

驚いた了一さんは本人と話しあったが、彼女は「親の言うとおりにする」と殻に閉じこもった。どうしても考えを変えてくれない。了一さんは、しばらく距離を置くことに同意したが、結局ふたりの関係は修復されなかった。了一さんは語る。

「僕はまだその人に未練があるんです。でも最近、別の人と結婚したって聞いてしまって」。

私は聞きながら、何もコメントできなかった。私も非常に似た状況を、了一さんと同じくらいの年に体験したことがある。その心の傷は二〇年近くが経っても癒えていない。

つらい別れと二万円の情報商材の購入

発達障害の診断を受ける少し前から、了一さんはツイッターの「発達界隈」に入って情報収集をするようになっていた。そうするうちに、同世代の人を中心としてさまざまなつながりができた。

婚約者との関係が終わった直後、傷心中の了一さんは、同じ長野県に住んでいる自閉スペクトラム症の女性にアプローチした。発達障害の傾向のある人を好きになるのは初めてだったが、運命のようなものを感じた。彼女には注意欠如・多動症の特性は少なかったが、ふたりの自閉スペクトラム症の特性が共鳴しているのを感じた。「見方によってはかわいい」という顔立ちも、了一さんの趣味通りだった。

了一さんは語る。「デートしてしばらくしたら、両思いになって。一年半くらいつきあいました。めっちゃ感動しました。自分の不注意とか極端な思考とかを、初めて理解してくれた恋人です。それまでの恋人には、僕の発達障害の特性は受けいれてもらえなくて、非難されていました。でも彼女は違ったんです。僕のめちゃくちゃな部屋を、自分のに似てるって言ってくれて」。

了一さんには恋愛依存の傾向があったため、週に二、三回のペースでネットカフェやラブホテルに行ったという。なんでもざっくばらんに話せる関係に了一さんは夢中になった。彼女と会話していると、自分自身を発達障害者として受容していけると感じた。私もそういう恋人がいたことがあるから、胸が痛くなる。

しかし了一さんは、結局その人とは続かなかった。一年半くらいで「両思い」から「片思い」へと移行して、それから一年ほどずるずると交流した。この謎めいた展開について詳細を尋ねても、了一さんはほとんど答えてくれなかった。私にもややこしい時期があったが、了一さんはよほど苦しんだのだろう。

前後して、やはりツイッターの発達界隈を通じて女性の知りあいができ、体の関係を持った。私が「セフレ（セックスフレンド、肉体関係を持つ恋人ではない関係の相手）ですよね」というと、了一さんは「セフレ、なんですよね、あれは」と、ひとごとのようにつぶやく。関係を整理するのに了一さん自身が苦しんでいるようだ。「恋人になりたいとは思わなかったんです。好みの顔立ちではなかったんです。いや、違いますね。性格の問題ですね。その人の性格が好きになれなかったんです」。取りつくろうように曖昧なことを言う了一さんが、痛々しかった。

その女性と関係があったときは、「本命」がいない状況だったが、それだけにいまのうちに「勉強」をしておこうという思いが高まったそうだ。「僕にはセックスが下手だっていう劣等感があって。ウェブサイトの〝ｎｏｔｅ〟で情報商材を買ったんです。女性用風俗でナンバーワンだったっていう人の記事です。二万円くらいでした」。二万円という値段に私は驚いてしまうのだが、了一さんは非常に価値ある買い物だったと断言する。たとえば、そこには男女の興奮度の変化が説明されていた。男性は放物線を描くように、一気に高い興奮に到達し、ふたたび一気に低い興奮へと下降していくが、女性はじつにゆっくり興奮度が高まっていく。だから時間をかけて、女性の興奮を高めていかないといけない。

私が「そういうのおもしろいですよね。私はセックスをすると、これも女性的な情緒のせいなのか何なのか、前戯にやたら時間をかけてしまうんです。何時間も前戯をして、挿入するころには疲れてしまうこともあって」と言うと、了一さんは鼻で笑って「僕は挿入が好きですね」と言った。「理論はわかっているんですけれど、衝動に負けてしまって。でも女性的な情緒というのは、ほんとうにあるんですよ。たとえば後戯なんかは大事にします。セックスが終わっても、相手にずっとくっついていたくて。ロマンチックな気分になって、自分に酔ってしまうこともあります」。私はセックスが終わったら（じつに男性的なことに！）後戯には冷淡で、すぐにいわゆる「賢者モード」に入ってしまうため、了一さんも私も「女性的な情緒」があるという点で共通しているのに、ずいぶんと違うものだなと不思議な気分になる。

了一さんには、いま恋人はいない。私は「今度も発達障害者とつきあいたいですか」と尋ねてみた。了一さんは語る。「正直、どっちでもいいかなって。でも発達障害の人がいいかも。僕の不注意とかに耐性があるはずですから。そうでないと、僕を受けいれるのは難しいと思うからです」。私は自分の経験を思いだしながら、「発達障害者同士だと、互いの理解は得やすいですけど、共倒れになる危険性も高いんですよね」とコメントした。了一さんは「そうですよね」と言った。「最近はもう、恋愛はしばらくいいやって気分だったんですけど、このインタビューを受けて、また恋愛に気が向いてきました」。

宇宙人でも主体的に動けば「いける」

小学生のとき以来、了一さんは恋愛の当事者研究を続け、それによって自分を取りまく謎の人間界に光を当ててきた。自分が恋愛対象に不満を抱く場合、どのようなメカニズムでそれが起きているか。自分がどのような期待を抱き、それが叶えられないことでどのように気落ちするか。当事者研究を手放さなかったおかげで、了一さんは感情的になることなく、自分の気持ちをじょうずに言いふくめることができた。

いま了一さんは、恋愛に関わらない場面、たとえば就労の場面での当事者研究に打ちこんでいる。厳しい人間関係が結ばれた職場で働いている人の体験談は、特に参考になるそうだ。「ホストとかキャバ嬢とかが書いた本をよく読むんです。おもしろい気づきがたくさんあるんですよ」。

人間関係のゲーム、つまり成長後の了一さんが夢中になっている「サバゲー」に、なじめない局面はいくらでも出てくる。「みんなで一緒にカンパーイ、とか、よくわからないです。なんでみんな盛りあがってんのって思うんです。あとは相手をいじることで、なごませるとか。『君って○○でしょ』って相手にズバッと言うやつとか。僕がやっても嫌われるだけに終わる気がします」。

了一さんの恋愛体験は、ほとんどの自閉スペクトラム症の男性とは異なっている。私も含めて、多くの当事者は「キモくて非モテになる」という経験を重ねる。しかし了一さんは、私の固定観念を修正する。

了一：キモくても非モテにならないんです。

横道：え？　宇宙人みたいって言われるでしょう？

了一：作戦次第なんです。宇宙人ぽくても主体的に動けば「いける」ことは多いです。

横道：こじらせてはいけないってことですか。

了一：そうです。自分から避けようとしてしまったら、何もなくなってしまう。ぼくは「学年一のキモ男」とか「学校一変なやつ」ってよく言われてました。でも「女の子から嫌われるキモさ」に、ならなければいいだけです。

横道：……。

了一：僕は下ネタを言ったり、廊下を全力を走って奇声をあげたりしてました。そういうのは「キモい」けど、非モテにつながんなかったんです。キモくても女子と仲良く話す、話してくれるように、相手をしてくれるにはどうするかって、よく考えていましたから。それに人生を賭けてました。

横道：なるほど。

了一：話をちゃんと聞いてあげるとか、雑談に気長につきあってあげるんです。ほかの男が苦手なことをあえてやる。キモくても差別化を図ってるから、ほかの男子に勝てたんです。

横道：了一さんは偉い人ですね。

私は自分と同じ種族にあたる「キモい」自閉スペクトラム症男性から、モテ指南を受けるという類いまれな時間をもらうことができた。非モテの運命を背負って生まれてきたのに、「定型発達者なみ」の恋愛生活を体験することができた了一さんは、私よりずっと年下なのに、まぶしく輝いて見える。私の頭のなかで、ごく自然なことに、「キモい」と「非モテ」が無媒介につながっていた。その私の不明を了一さんが晴らしてくれた。

了一さんは、いまは恋愛に疲れて、人生の途上でそっと立ちどまっている。いまは彼が心身を休めているひとときなのだ。やがて彼は、またもや勇気を奮って恋愛の当事者研究を駆使しながら、未来に向かって歩きだしていくだろう。その姿を私は、頼もしい思いで想像している。

第五章

元セックス依存症者の唯さん

注意欠如・多動症があると、依存症になりやすいという研究がある。注意欠如・多動症者は、脳の報酬系が標準とは異なり、定型発達者に比べて快楽から満足感を得にくい。そのため嗜癖《しへき》、つまり酒、薬物、ギャンブル、浪費など依存症の対象となる物質や行為が、注意欠如・多動症者を手中に収めて支配する。性行為も、そのような嗜癖に数えられることがある。

性行為を嗜癖とする「セックス依存症」は、現時点では精神医学の世界でまだ正式な依存症として認定されていないが、多くの注意欠如・多動症者がこの傾向を持っている気がする。青さんや白髪葱さんもおそらくそうだったが、今回登場する唯さんは、さらに強力なセックス依存症を経験していた。私にもかつてこの依存症の傾向があったが、それに比べると、しょぼくれたものだ。

唯さんは現在、二一歳。大阪出身、大阪在住。高校三年生だった一七歳のときに注意欠如・多動症と診断された。私は彼女と数年前、発達障害の自助グループで知りあったのだが、以前からときどき音信不通になって、連絡を取れないことがあったから、本書で唯さんにインタビューを実施する前後もそわそわしたし、当日もなかなか来てくれず、軽く絶望しかけたのだが、彼女はちゃんと現れた。

まずは、注意欠如・多動症者としてのとっておきのエピソードを唯さんに尋ねた。すると、中学一年生のとき、小学生だった弟と、東京に出張していた父のもとへ遊びに出かけたことを話してくれた。目当てはディズニーランドとディズニーシーだ。宿泊の用意を整え、なくしてはいけないということで、百円で買った小さい鎖で、財布と腰とを結んだ。姉弟が新幹線に乗るのは初めての経験だった。乗りこもうとした瞬間、唯さんはふたつの遊園地のチケットを自宅に忘れたことに気づいた。パニックに陥った唯さんは、父親に電話で相談する。新幹線の時間を変更できるから大丈夫と説明されても、言われていることが理解できず、叱責もされたことで、さらにパニックに陥った。慌てて新幹線に乗りこみ、弟とふたりで泣きじゃくった。車掌が座席に近づいて来て、泣きやまないふたりを慰めてくれた。そして、唯さんは気がつく。自分のリュックサックを、駅のホームに置きわすれたということに。財布以外の貴重品は、すべてそこに入っていた。ほとんどギャグマンガの世界だが、同じような失敗の無数の記憶が、やはり注意欠如・多動症を持つ私の脳裏を去来する。

結果的に、リュックサックは後日、母親が駅から回収してくれた。東京についた唯さんは、父親に遊園地のチケットを買いなおしてもらった。気を取りなおして、大いに遊んだ唯さん。そうして遊んでいる最中、今度は財布を三回もなくして、三回とも落とし物係に届けられて、自分のもとに帰ってきた。「ディズニーと日本の治安はすごいと感じました」と唯さんは声を輝かせる。

マイワールドを持った、マセた女の子

唯さんは「むかしからマイワールドを持ってるねって、言われつづけてきました」と語る。保育士と母親とが交わす連絡帳には、「今日も自分の世界で楽しそうにしていました」と書きこまれていた。

会話や作業からすぐに脱線する癖があった。気づいたらまったく別のことをやってしまっている。母親は料理中、保育園児の唯さんが静かにしているのが気になり、様子を見にきた。唯さんは、パジャマのボタンを外してはつけ、つけては外して遊んでいた。何かに没頭してばかりの日々。テレビ番組『天才てれびくん』の子役の真似をして遊んだ。

小学生になると、授業中によく眠りこんだ。通知表では、提出物に関して注意を受けた。小学二年生のときから、夏休みの宿題をちゃんと出さなくなった。しかし成績が良くて、「小さいころは神童でした」と胸を張る。体育以外は、どの教科もよくできた。

性の目覚めは低学年のときに起こった。近所の幼馴染に、同い年の女の子と三歳下の男の子がいた。みんなで悪ノリして、服を脱いで、体を触りあった。ふだんの様子から警戒していた大人たちが子ども部屋にあがってきて、制止された。「ドキドキしたのを覚えています。マセてる子どもでしたね」と唯さんは懐かしむ。

同級生となかなか話が合わず、小学一年生のときからインターネットで遊んでいた。全年齢向けのアバターを使って交流するＳＮＳを利用し、中高生、青年、中年などさまざまな年齢の人と交流した。あるとき、ひとりの男性ユーザーが、性について話題にするのを耳にした。オナニーが話題になり、「ひとりでするの？」などと尋ねられた。学校のみんなが知らないことを自分が知っていることにドキドキした。

「おとなたちに構ってもらう手段として話題に乗っていた感じです。相手も小学生とできる共通の話題が少ないはずだから、そういうことを話してたんじゃないかな。

悪意を持っている人は少なかったんじゃないかって思います」。自分の体を触って快感を得ることは小さいころからよくやっていた。でも、それが性的な体験だと気づいたのは小学四年生になってから、思春期を迎えた時期だ。

物心ついたころには、両親が不仲になっていた。父親はふだんは朗らかなのに、逆鱗がどこにあるかわからない人で、気分任せに暴力を振るった。小学二年生のときから、父が別居した。母子家庭になってからは父におびえることもなくなったが、今度は母が更年期障害やI型糖尿病に苦しむようになった。特にひどかった時期には、夕食がずっと外食かスーパーの惣菜になって、台所に生ゴミが溢れかえった。

弟とはずっと仲が良くて、両親が不仲なだけに、互いに心を支えあってきた。たまに父が帰ってきたが、喧嘩の怒鳴り声を聴きながら、「私たちはふたりで仲良くやっていこうね」と弟に囁《ささや》いた。私の家庭も似たような状況だったが、私は妹と弟に対して、そんなにもできた兄ではなかった。

冒険家気質の注意欠如・多動症者らしく、唯さんは恐れ知らずだった。「一歩まちがえたらいじめられていたかも」というような言動を常用していたが、それがうまく人間関係を広げてくれた。読書も好きで、愛読書は、はやみねかおるの「都会のトム&ソーヤ」シリーズ。歌うことと絵を描くことも好きだった。インターネット上で、18禁マンガを読むのも好んだ。友だちにはうぶな子が多いと感じ、「私だけが特異なのかな」と不思議だった。

唯さんには、男性芸能人やイケメンに惹かれる感覚がいまでもわからない。同級生の女子が話すアイドルなどの話題についていけない。そうこうするうちに小学六年生になって、最初の恋人ができた。「都会的で恋愛に慣れてる男の子でした。つきあったのも、周りと違うことへの憧れからかもしれません。告白されて。初めはキスがうまくできなくて、毎回少しずつうまくなるっていう初々しい感じの恋愛。そのころから依存する傾向が強かったなと思いますね。ずっとべったりその人といたがって、束縛したり、嫉妬したり、試し行動をやったりして」。聞きながら、私が二〇歳のときにやっていた恋愛初体験を、小学六年生がやっているのを想像すると、複雑な気分になってしまう。

中学の記憶は楽しいと暗いで乖離する

唯さんは、小学生のときはしゃべり過ぎの「変な子」と見なされていたのだが、中学校では「なんだこいつ、おもしろいやつだな」と評価されるようになり、クラスメイトの話題の中心になることが増えた。中学一年生までは、授業中に寝ていても試験の点数が良かった。だが二年生のときから、授業内容がわからなくなってしまう。絵を描くことは好きなままだったから、美術部に入っていた。ニコニコ動画発のメディアミックス「カゲロウプロジェクト」に夢中になった。「中二病でした」と語る。中学時代は「すごく楽しかったなという思いと、逆にすごく暗かったなという記憶が同時に存在します」。どれがほんとうの自分なのかわからなくなり、解離が起きていた。

暗い面があった中学時代に、家庭環境の不安定さは深まっていた。唯さんは中学三年生のときからリストカットを始め、手首からたくさんの血を流した。リストカットは、最近では依存症の一種として理解されつつある。現実感が希薄な女性たちが、体を傷つけることで覚醒作用を得て、現実へと復帰することができるのだ。リストカットは周囲には恐ろしく見えるはずだが、当事者たちは生と死のはざまにいて、血を流すことで必死に生にすがりついている。リストカッターの多くは、アダルトチルドレン、つまり機能不全家族の出身者だ。

小学校以来の彼氏とはペッティングをするようになっていたが、膣に男根を挿入するにはいたらなかった。「お互いに恥ずかしかったり怖がったりして、何をしたら正解なのかもわからなかったんです」と語る。じつは唯さんがやっていたSNSを、唯さんが誘うことで彼氏も始めていたのだが、彼は共通の友だちだった女の子とテレフォンセックスに興じるようになってしまった。クリスマス・イブにその事実を知った唯さんは、初めて一緒に過ごした翌日のクリスマスの日に、彼を捨てた。

唯さんはSNS上のサークル機能を運営するようになっていて、初めてオフ会を開いた。出会った四歳年上の男子高校生と二、三カ月だけ交流し、初めて性交を経験した。「なんの抵抗もなくすんなりって感じでした。特に深い感慨はなかったです。彼がすぐに大学受験で忙しくなって、関係は終わりました」。

唯さんは中二の秋から六歳上の大学生と交際した。オフ会にメンバーだった男性の友人が来ていて、知りあったのだった。「恋愛のノウハウは私のほうがわかっていましたから、相手はたぶん童貞だったと思います。一年弱、つきあったかな。相手は勉強が得意な人で、三年生にあがるころに、僕といると勉強しないでしょ、って言われてフラれました。その後も、友だちとして交流はあったんですけれど」。

しばらくすると、今度はパソコンの戦闘ゲームで知りあった人を恋人に選んだ。唯さんは一五歳、相手は三〇歳。年齢が半分の唯さんにも対等かつ理性的に話をする人で、感じ方や考え方が似ているという思いが湧いた。「このころから、自分よりずっと年上の男性が、自分なんかにベタ惚れになることに快感を覚えていたと思います」。相手は倫理感が強く、「せめて高校を卒業してから」と不安がっていたが、唯さんが押しきった。「でも相手は北海道に住んでいたんです。すると千葉に引っ越してきて。本州だから大阪まですぐ会いに行けるからって。私は遠いよって思ったんですけど（笑）。一度しか会えずに半年も経たずに別れました。ちょっとズレてる人だった可能性はありますね」。

元「神童」の唯さんは、努力が不得手だった。受験勉強は全面的に放棄した。同じ志望校を受ける生徒が集まって、一緒に出願しにいくことになった。当日、別居していた父から急に電話がかかってきて、唯さんの眼が覚めた。時計を見ると、待ちあわせの時刻が過ぎている。学校から父親に連絡が入ったのだった。

ほっぺにキスしたプリクラで無期停学

進んだ高校は「可もなく不可もなくのレベル」だったものの、「特進コース」に入った。入学式のあと、クラスの最初の集まりで先生が「みんな、いまホッとしてると思うけど、今日からが大学受験だから」と宣言した。唯さんはしらけて、ひとごとと感じた。

高校生活は苦痛だった。中学より遠くなったので、早く起きなくてはならないが、朝は起きられず、眼が覚めたら昼になっている。授業中は寝てばかり。試験前に、友だちは社交辞令で「私勉強してない、やばいよ」と言いあっていた。唯さんも「していない」と言った。唯さんの場合は真実。友だちも理解するようになり、「唯の言葉だけは信じられる」と言われるようになった。私も同様だったな、と懐かしい。私の「勉強してない」発言はいつも真実で、苦手な科目はつねにひどい点数だった。

唯さんは演劇部に入った。「すっごく楽しかったです。没頭できる。自分の世界に入ることは得意だったんですよね。基本、人間ってひとつの人生しか体験できないじゃないですか。でも演劇をやると、少しでも別の人生を歩める。それが楽しくて」。私が『ガラスの仮面』のヒロインみたいですね、彼女も注意欠如・多動症の特性を感じさせます」と言うと、「ほんとそうですよね。大納得。私も抜けたところがあって、いつも波乱万丈。主人公タイプかも」と応じる。

しかし部活をやっていても、作業を期限内に済ませられないという注意欠如・多動症の特性が出た。台本を書きなおす必要があったから、友だちに「私はひとりではやらないから、電話をつないだままでいて」と頼んだ。発達障害者はこのようにさまざまなライフハック、つまり仕事術を独自に開発していく。

高校一年生のとき、SNSのオフ会で四五歳の男性から猛烈なアプローチを受け、まず体の関係を持った。少し前に一五歳と三〇歳というダブルスコアの恋愛関係を体験したばかりなのに、今度は一六歳と四五歳でほぼトリプルスコアの男女関係。

「こんなにもステップアップしても良いのか」と唯さんは自分の「キャリア形成」について思案した。「その人は自称『調教師』で、フランス製の媚薬を注射されたことがあって、その日は六回ぶっ倒れました。変わったセックスができて良かったんですけど、三回目くらいのときに二万円渡されるようになって。最初はなんのお金かわからなかったんです。でもだんだんと違和感が大きくなってきて。金銭感覚と貞操観念が狂っていくような……。でもそれで、私の性の価値はプライスレスではなくなってしまった。お金には代えられない尊いものではなくなったって感じてつらかったんです」。

結局その人とは恋人同士にはならなかった。学校で唯さんはクラスメイトにアプローチしていて、その人と恋人関係を結び、一年三カ月ほど交際した。「特進クラスあるあるで、校則が厳しめだったんですね。学生手帳に『不純異性交遊を禁じる』と書いてあったので、基準を知りたいと思って、尋ねに行ったんです。でもどの先生に聞いても、『普通にやっていれば大丈夫だから』って言われて。それであるとき、ツイッターに彼氏のほっぺにキスしているプリクラをあげたら、呼びだされてふたりとも『無期停学』を食らいました。実質は三週間だったんですけど。それで大学入試の推薦を受ける権利を失って、いまでもずっと根に持っています。私の場合はほっぺにキスくらいじゃない、これまでにもとんでもないことをたくさんしてきたのにって」。

その恋人とはその後もつきあっていたが、徐々に相手が唯さんと同様の「メンヘラ」になってきて、「重くなった」という。彼は親とうまくいってなくて、寂しがり屋だったらしい。「それで捨てたのはひどいことをしたなって思ってます」。私も最初の恋人と同じような経緯を辿ったことを思いだしてしまう。初めは依存されていたのに、途中からむしろ私のほうが依存してしまって、関係は破綻していった。いま思いだしても胸が痛くなる。

デリヘルになると仕事となり気が重く

残りの高校生活で、唯さんはふたりの男性と恋人関係になった。ひとりはSNSを通じて知りあった小学校の教師だった。私は、やはりそのような学校教師もいるのだな、と思った。唯さんは不安定をきわめていて、リストカットがもっともひどい時期を迎え、病院の夜間救急外来で七針を縫ったこともあった。そして相手によく激昂したため、相手は泣きながら「メンヘラ過ぎてついていけない」と言い、離れていった。しばらくして、同じマンションに住んでいた中学時代の美術部の先輩が新しい恋人になった。傷心して落ちこんでいるときに、慰めてくれた相手だった。

この時期に、唯さんの人生は新たなステージを迎えていた。援助交際を始めたのだ。ツイッターで相手を募集するためのアカウント（いわゆる裏アカ）を作って、相手とホテルや車で待ちあわせ、性行為だけしてそのまま解散。父親は唯さんに対して幼いころから貞操について厳しく語り、「女の子は結婚するまでキス以上はしちゃだめ」と制約を課す一方、弟には「男はもっとガンガン行かないと恥ずかしい」とけしかけてきたから、援助交際は父親への密かな反抗でもあった。初めは興味本意だったものの、みるみるうちに自傷の意味合いが強くなってきた、と唯さんは語る。

金銭を受けとって性行為をすると、「人が変わっている」とよく指摘されたという。「眼が据わってて怖いとか、異常に盛りあがってたねとか、表現はいろいろだったんですけど。恋人がいても、それと援助交際は別なんです。どうしても恋愛感情のない人とセックスしないではいられなかったんです。我慢できなくて、ゴムを外してやることもありました。リストカットと同じことです。自分を壊してやりたいって」。

このころはなかなか自慰も止められず、耽ってしまい、気づけば休日が終わっている、ということもあった。18禁マンガをよく読んでいて、ヒロインや主人公の男性に自己を投入して読む場合と、客観的に読む場合があった。痴漢ものやエステサロンものが好きだという。ちなみに援助交際で得た金銭は、すべてゲームへの課金に使ってしまった。どのようなゲームかと思ったが、予想外に少女マンガのような様式の女の子のアバターを着せ替えさせる内容だった。世界観ごと作りかえる趣向で、画面を豪華にすればするほどお金が必要になる。飽きるまで一年ほどお金を無制限に注ぎこんだ。

高校三年生になり、一八歳になったころ、デリバリーヘルスを始めた。出会い目的ではないチャットアプリを利用していたが、プロフィールから唯さんの日常を察した女性が、スカウトしてきた。初めは好奇心から興奮したが、二、三カ月しかもたなかったらしい。なんと言っても、一日に何人もの男性と会って性交するのは負担が大きかった。

唯さんが「もともとすぐ濡れちゃうタイプで興奮しやすいのに、デリヘルを始めるとぜんぜん濡れなくなって」と語るので、私は「まあ、好物でも同じものばかり食べると嫌になりますよね」と発言した。私には同じものばかり食べたがる習性があって、毎日のように同じようなものを食べているのだが、たとえばカレーライスだと、最大でも一日に二食に制限している。毎日三食カレーライスにしたら、さすがに飽きてしまうからだ。実際、二〇代にそのような食生活を選んで、一日三食のカレーライスを食べつづけたことがあったが、三カ月も経たずに飽きてしまった。唯さんは「仕事っていう感覚が強くなって、気が重くなったんだと思います」と語る。義務が人を押しつぶす実例と言えるだろう。

秋になると、唯さんは自分には精神疾患があるのではないかと疑うようになった。ツイッターで調べてみると、発達障害の情報が出てきた。「こういうのがあるのかって驚きました」。予約した病院は、たまたま発達障害の診療に長けていた。発達障害の特性として知られる能力の凸凹がはっきり表れた検査結果を受けとった。父親に結果を報告するときには緊張したという。「こんな私を、あんなに怒鳴りつけてきやがってって憎くて」。

大学に入り、止められなくなるパパ活

唯さんは保育園に通っていたころから、保育士になりたいと思いつづけてきた。入った大学での専攻の第一希望は保育、第二希望は心理学だった。しかし保育士になったとしても、自分にはマルチタスクがこなせない。雑務で行きづまるはずだと予期することができた。心理学を専攻すれば、発達障害のことも学べると考えて、最終的にはそちらを選んだ。

「発達障害って最初に知ったときはつらかった。でも、ちょっとずつ自分への理解を深めたことで楽になって、人柄も明るくなりました。心理学を勉強していると、連続的だった黒いモヤにいろんな名前がついていきます。漠然とした大きな悩みが、こまかく分割できるようになりました。発達障害の特性と人格が別だということを

認識できて、自分自身に向きあえるようになったんです。自分の悪い面ばかり気になっていたけど、自分の長所も特性のおかげでできていると感じます。たとえば衝動で飛びこんで、新しいものに出会えるというように。ダメなところも良いところも共存してる。そういうふうに、丸ごと受けいれられるようになりました」。

他大学の軽音インカレ・サークルに入って、ヴォーカルを担当するようになった。好きな曲は、春野の「深昏睡」など抽象的表現に富んだ曲だという。しかしノンジャンルの嗜好で、あれこれ聴く。

大学では援助交際をやめて、より効率的と判断したパパ活、つまり必ずしも性行為につながらないような不特定多数の年上男性との交際を始めた。以前使っていたような手頃な裏アカではなく、パパ活専用の出会い系アプリまで利用していた。そうするなかで軽音サークルの出身者で五歳上の卒業生と友だち以上恋人未満のようなセフレの関係になった。

親しくなった男性に依存する傾向があったため、唯さんは意識してセフレを作らないように心がけていたものの、この相手には見事に「ハマった」。性衝動と恋愛感情がリンクするようになり、四カ月くらいで恋愛感情を打ちあけ、恋人関係に移行した。それからの一年三カ月の交際期間は順調に思えたが、その裏で、性の対価に金銭を受けとる日々は続いていた。予定を詰めこんでいたときには、週に二、三回ほど、多いときは毎日のように誰かと会っていた。パパ活を止めることができなかった。

コロナ禍の時代がやって来ると、オンライン授業に苦しんだ。普通の授業は大学に到着できれば、やることとは明確なのに、オンライン生活では、より高度な自己管理が必要になる。三年生になるころには、大学の授業にほとんど参加できなくなっていて、前期のうちに退学してしまった。

ソウルメイトを得る喜びと失う悲しみ

唯さんの流麗な語り口に、私は以前からよく驚かされてきた。二一歳という若さで、これだけ自分の主観にも客観にもよく注意しながら、さまざまなことを整理して語れる人は稀だろう。家庭環境に苦しみ、壮絶な性的遍歴を経て、独自の思索を続けてきたことが伝わってくる。

唯：二〇歳の春、パパ活をやめたくて、アルバイトを始めたんです。家庭教師、フェイシャルエステ、モール街のイベントで営業するものの三つ。最後のやつで、先輩の友人と知りあったんです。五歳上の人で、気が合い過ぎてしまって。

横道：ふむふむ。

唯：好きになったとかではなかったはずです。でも話していると、自分でも気づけなかった苦しさを理解できてきて。ぜんぶ理解できるんだなって。

横道：ぜんぶ？

唯：お互いに何もかも理解できるってことです。いままでの自分がほんとうの自分かもわからなかったのに、それがわかるようになって。これはもうこの人と離れられない、一緒にいるしかないって。泣きながら恋人に、あのサークルの先輩に別れ話をしました。先輩は泣いたあとにほほえんで「そんな人に出会えたなんてうらやましいなぁとも思っちゃうな」と言っていました。

私は、この話を聞いてから、唯さんの話がほとんど耳に入らなくなった。これは唯さんの長期に渡る恋愛遍歴のたんなる一段階に過ぎないだろうか。それとも、彼女の全人生でも特に決定的な局面に入っているのだろうか。しばらくすると、編集者のマサリさんが唯さんと三〇分くらい話して、インタビューを補完する役割を請けおってくれたが、私の耳はそれらを音声情報として拾いながらも、心ここにあらずの心境になった。

なぜか？　唯さんは自分の「ソウルメイト」について語ったからだ。つまり通常の友人や恋人を超えた、魂で結ばれた相手ということだ。より客観的に言えば、当事者たちにとっては魂で結ばれているように感じられてならない相手、と補足できるだろう。唯さんには、かつて交際した人々にもそのように感じることがあって、いまも恋人にそのように感じているだけなのか、それともいまの恋人が初めてそのように感じられる相手なのかは、ぼんやりしてしまった私には、はっきりと確認できなかった。さっきの話を聞く限りでは、おそらく後者だろう。現実感を脱落させた私をよそに、彼女はいまではパパ活をやめられた、リストカットもしていないと語っていた。

私にもかつてそういう関係を結んだ恋人がいた。こんなにもお互いのことを理解できるのかと驚いて、感激した相手だった。相手もいつもその感激を語っていた。あの日々以上の感動を味わったことは、それまでの人生でも、それ以後の人生でも、私には一度もなかった。唯さんはいま、あの喜びを全身で味わっているのだと考えると、私の心はどこでもない場所にさらわれていきながら、砂塵《さじん》になって散りそうだった。

私の場合には、その恋愛はダメになってしまって、その記憶がいまでも私を苦しめる。その恋愛から最大の幸福と最大の不幸を味わったことが、私の人生を大きく規定した。唯さんがマサリさんと話しながら、「ずっと一緒にいたいって思ってる相手なんです。未来のことはわかりませんが、彼と出会って愛してあげられる自分を見つけることができたので、いまは幸せです」と語っているのが聞こえてくる。

唯さんの声は、今回のインタビューのあいだ、最初から最後までキラキラと輝いていた。唯さんは大学を中退して、仕事もしていない。「いまの私は彼氏に寄生しているニートで」と自虐的に語るひとコマもあった。しかし、唯さんはかつての性的遍歴で一度も得られなかった何か、おそらく「愛」という平凡で崇高なものを得た実感を味わいつつ、現在を生きている。私は彼女が未来でも幸福であるようにと祈り、そして私が唯さんの年齢だったころのことを思いだしながら、眼を閉じてすすり泣いた。

第六章
リスセクシャルのぷるもさん

発達界隈にいると、カルト宗教、スピリチュアル系、陰謀論、極右ないし極左の政治信条を信奉している人によく出会う。理由のひとつには、自閉スペクトラム症者の認知特性は、平均と異なっているために、他者とのコミュニケーションから深層的なメッセージをうまく汲みあげられず、表面的メッセージを鵜呑みにしやすいということがあるだろう。衝動的に行動してしまう注意欠如・多動症の特性も関係があるはずだ。だが、何よりも、発達障害者は自分たちに合っていない多数派向けの環境で生きているのだから、無用なストレスを受けやすく、いつも生きづらさからの救いを求めているということが大きいと思う。救いを求めて、超現実的なものへと手を伸ばす。そしてその超現実的なものに人生を絡めとられてしまう。

なんという悲劇だろうか。

だが、さらなる悲劇は、そうして極端な思想信条に染まった発達障害者が、子どもにもそれを押しつけてしまうときだ。発達障害は遺伝性の高い障害だから、発達障害の傾向がある人の子どもは、多くの場合、発達障害児として生まれてくる。私もぷるもさんも、発達障害の傾向がある母親から生まれた発達障害児だった。そして私の実家の場合は母がカルト宗教を信奉し、ぷるもさんの家の場合は両親がカルト宗教を信奉していた。

最近の用語で、私やぷるもさんは「宗教二世」と呼ばれる。宗教二世とは、宗教団体に入会した親が、子に対して同じ信仰を強要し、あるいは宗教の教義にもとづいた教育を施すことで、洗脳されてしまった「二世信者」を指している。かつては、親の信仰する宗教を子も受けつぐのは普通のことだったはずだが、現在ではそれは人権問題に抵触するようになっている。日本にはもちろん信教の自由があり、そのこと自体はすばらしいとはいえ、親世代（宗教一世）が信教の自由を謳歌したことによって、宗教二世たちは自分たちの信教の自由が侵犯されてしまっている。この種の人権侵害が、少しずつ世間の注目を集めている。

私とぷるもさんは、私が主宰している宗教二世のための自助グループで面識を得た。彼女にも私と同様に発達障害があるため、今回の企画に協力を依頼して、快諾をいただいた。私の母が信じた宗教の場合は、しつけのための肉体的暴力を積極的に肯定する教義があって、それが私と妹や弟の子ども時代を生き地獄にした。それは一般的な体罰とは異なって、暴力によって教義を植えつける点で悪質と言える。

では、ぷるもさんの家庭では、どのようなことが起こったのだろうか。そして、それはぷるもさんの性の問題とどのように関係しているのだろうか。

自転車で甲州街道を四時間進み山梨に

ぷるもさんは四三歳。私とは同学年にあたる。注意欠如・多動症、自閉スペクトラム症、鬱病を三八歳のときに診断された。

発達障害の特性のうち、特にぷるもさんにとって大きいのは過集中だという。何かにのめりこんで、いつのまにか意識が飛んでしまい、気がついたら周囲が大騒ぎになっている。小学四、五年生くらいのとき、東京都渋谷区から自転車に乗って、サイクリングに出かけた。自転車を漕いでいるうちに意識が溶けてゆき、甲州街道を直進していくうちに、山梨県に入った。かれこれ四時間ほどが過ぎ、あたりは真っ暗だ。やむなく交番に行って警察官に相談すると、自宅から父が車で迎えに来てくれた。自転車は車に搬入できないサイズだったため、警察官に頼んで処分してもらうことにした。

思うにこの過集中の特性によって、発達障害のある宗教二世たちは、困難な状況に耐えることができる。強制された教義を守ることに夢中になれるからだ。そして、この過集中ゆえに、私たちは教義から抜けられなくなる。無我夢中で心のなかに取りこんだ教義が、いつまでも私たちを支配する。たとえば私を、性的なものを極端に忌避する教義が果てしなく支配している。

某カルト教団施設で、育てられた少女

ぷるもさんは渋谷で生まれ育ったものの、一般的な都民とは大いに異なる少女時代を経験した。物心がついたころには、父、母、自分、弟の家族全員でカルト宗教の教団施設に入居していたのだ。もっとも古い自分の記憶は、白い礼服を着せられて、果物や菓子が積まれた祭壇に向かって、礼拝行為をやっているという内容だ。

父親は信仰に熱心でなく、もっぱら母が家族を取りまとめていた。住居は修行場と職場を兼ね、三〇人ほどの未婚の若い女性たちが同居していた。母をリーダーとする彼女たちの使命は、政治家を勧誘することだった。母親は「人々の涙を拭えるのは自分たちだけだ。地上に天国を作る役割を与えられたんだから、なんでもやらなければならない」と口癖のように言っていた。父親は過激な母親に要領よく合わ

せながら生きていた。

教団が運営している幼稚園があり、初めはそこにバスで通園していたが、かなりの距離があった。バス酔いがひどくて通えなくなったため、近所の幼稚園に編入することになった。すると、ほかの園児たちになじめない。ほかの子たちにはできることがぷるもさんにはできなかった。発達障害児の特性を見せていたが、発達障害はまだ世間でほとんど認知されていなかったため、見過ごされた。

近所の子どもたちと遊ぶことがあったけれど、しばらくするといつも関係が途絶えてしまう。母親は、暮らしている施設の集会に使っている部屋を学習塾としても併用し、近所の母親仲間を「学びの空間」へと誘っていた。狙いはもちろん宗教勧誘だ。だが、学習塾を口実にママ友を囲っても、会話のなかで徐々に宗教の話を混ぜるようにするため、不審がられて母親は縁を切られてしまう。そのため、ぷるもさんは、遊び友だちがふっと姿を消してしまう現象を何度も体験し、不思議に感じていた。

小学校にあがってからは、自分とほかの子たちとが、かなり異なる状況に置かれていることに気づきだした。毎週日曜は礼拝をしなくてはならないから、友だちと遊んだり、誕生日会に参加したりできない。善悪の観念も、ほかの子たちと異なる。

混乱し、疎外感が増した。友だちができても、すぐに離れていく。

これに加えて発達障害の特性が、生きづらさを増した。国語の教科書に「ちいちゃんのかげおくり」という作品が載っていて、担任の先生は「天国に行ったちいちゃんへ手紙を書こう」と課題を出した。ぷるもさんは「この子には信仰がないから天国に行けるかどうかは保留になる」と主張し、抵抗した。いまでは、これは信仰心よりも自閉スペクトラム症の頑固さが原因だったと思っている。運動会の練習など集団行動が耐えられなかった。「やる気がなかったら帰りなさい」と言われて、文字通りに受けとり、ほんとうに帰ってしまった。

母親は、自分たちの一家は信仰によって原罪から解放されているのだ、自分たちには優れた能力が備わっている、と唱えていた。母はぷるもさんにバレリーナ、ピアニスト、バイオリニストなどになってほしいと夢見たが、当人には負担なだけだった。習い事だらけの日々だったが、いずれにも興味が湧かず、やりたくなかった。しかも母親は、娘にたくさん習い事をさせつつ、なかなか月謝を払おうとしない人だった。ぷるもさんは母にも発達障害があったといまでは考えている。

小学一年生から三年生まで、いちばんの趣味はゴルフだった。教団は女子プロゴルファーの支援もしていて、父親を通じてこのスポーツに関わる機会を得た。ドライバー、アイアン、パターといったゴルフクラブを、ランドセルと背中のあいだに挟んで学校に行き、帰りには商店街の打ちっぱなし施設へと足を運んだ。父親から回数券を買ってもらっていたので、それを使って楽しむことができた。夢中になって練習した成果で、父親よりうまくなってしまい、「女のくせに」とゴルフを禁じられた。妻に尻に敷かれている父親には、厄介な女性嫌悪が見られた。

ぷるもさんが好きなテレビ番組は、そのころから現在にいたるまで「特撮もの」。『宇宙刑事ギャバン』『超電子バイオマン』『光戦隊マスクマン』『高速戦隊ターボレンジャー』『仮面ライダーBLACK』などを好んで見た。その当時は女性隊員がミニスカートだったり、敵の女性幹部の肌の露出が激しかったりしたため、親はそれらの番組を目の敵にしていた。私の母もまったく同様で、私がぷるもさんと同じように喜んでこれらの番組を見ていると、母はおよそ神を信じる者らしくなく、悪魔に憑かれたかのように呪詛に満ちた言葉をわめきちらしていたから、私はぷるもさんの体験世界をありありと認識できる。変身して正義を守るものになりたいと考え、自然と男の子向けの趣味が好きになった。父がモデルガンやラジコンを買って弟と遊びたがったから、自分も遊びたいと思ったが、父は娘が首を突っ込むのを嫌がった。

絵を描くのも好きだった。室山まゆみのマンガ『あさりちゃん』が好きで、早朝にカーテンに隠れてノートに転写した。小学四年生のときに、近所の年老いた絵の先生と出会い、通って習うようになった。たくさんの名画にも接した。フィンセント・ファン・ゴッホが好きだというから、「ゴッホは自閉症っぽいですよね」と私が感想を言うと、「たしかに」と答える。「自分が見ている風景に似ていると感じたんです。人に言っても共有できない私の見え方を、ゴッホもしていました」。ほかにはグスタフ・クリムトやアルフォンス・ミュシャを好んだ。小学六年生のときに、その先生が亡くなって、絵画を習う日々は終わった。

誰からも、性的対象に見られたくない

小学校の低学年のときから、女子としての役割に違和感を覚えていた。赤いランドセルや、トイレに一緒に行く、悪口を言いあうなどの女子文化になじめなかった。恋愛の話ができず、男の子といるほうが楽だと感じた。

教団は異性との接触を厳しく禁じていて、少しでも恋愛が絡むものは排除するように指導していた。同級生たちが、ごく普通に恋愛に関する娯楽を享受しているの

が不思議だった。男子と関わってはいけないと言われても、公立の共学に通ってい
たから、彼らと話す機会はザラにあった。
ぷるもさんは、自分をノンバイナリーだと感じているという。これは第三章の
しぇるどんさんと同じだ。「女が五三％、男が四七％で、女が少し優勢くらいと感
じます」。デミロマンティック、つまり恋愛感情を覚えにくいという点でも、しぇ
るどんさんに共通する。だが、しぇるどんさんと明確に異なるのは、ぷるもさんは
リスセクシャルでもあるということだ。リスセクシャルとは、人に性的な魅力を感
じることがあっても、誰からであれ自分自身を性的な眼で見られることに不快感を
抱く性的指向を意味している。まさにこの性的指向が、ぷるもさんに困難な性事情
をもたらしてきた。
性的な欲求がないというわけではない。小学三年生のときに、映像ではりつけに
されるウルトラマンの姿を見た。悶え苦しんでいるその姿に「エロい」と興奮し、
ぷるもさんは繰りかえし再生して鑑賞した。「私の『『キタ・セクスアリス』は『ウ
ルトラマン』なんです。森鷗外に怒られちゃうけど」。発達障害の問題なのか性的
少数派の問題なのかはわからないけど、私は人間ってつくづくおもしろいなあ、と
溜め息を吐く。

そのころから、書店で18禁マンガ雑誌の立ち読みも始めた。美少女アニメ風の絵柄の作品が多く掲載されていた「レモンピープル」を愛読した。だが、宮崎勤による東京・埼玉連続幼女誘拐殺人事件の影響で、18禁マンガ雑誌がビニールで梱包されるようになった。ぷるもさんは、それをきっかけとして、自由に読めるボーイズラブ（ＢＬ）のマンガ雑誌に関心を移した。

ぷるもさんが「私はフィクトセクシャルでもあるんです」と言うので、私はそういう概念があるんだ、と初めて知った。マンガやアニメなどの虚構のキャラクターに性的な興奮を覚えるという性的指向だ。ということは、オタクのほとんどはフィクトセクシャルということになるのではないか。ぷるもさんには現実が物足りなく、男子たちに「圧倒的な幼稚さ」を感じていた。多くの女子も感じることなのだろうが、ぷるもさんの場合には、男子と仲良くなっても、ほどなく交友関係を解消されてしまうという事情もあった。何度「友だちやめよう」と言われたかわからない。理由はもちろん、カルト宗教の家庭だからだ。

急に友達が絶縁してしまうそのわけは

中学に入ると、学校の勉強で、できる教科とできない教科の差が激しくなってきた。家庭科は1、国語・理科・数学・社会は5。英語の綴りを覚えられず、筆記体が書けなかった。私の場合ととても似ている。私の通知表は、1から5まですべて揃っていることが多かった。「宗教のせいで変なのか、発達障害だから変なのか、よくわからないんです。あのころはよく祈禱会に参加させられました。脱会しそうだから、つなぎとめようとしたんでしょうね」。

友だちが突然絶縁することが多かったのは、じつは母親の布教に原因があったと知って衝撃を受けたのも中学時代だ。このころ、ぷるもさんの一家が信奉しているカルト宗教は、世間から激しく非難されてきた。中学二年生になると、入居していた教団施設が解散した。土地や家屋の所有は教義で禁じられ、所有している場合は教団に寄付するルールだったが、父親はこっそりとマンションを買って、家族でそこに移住した。熱心な信者だった母親は後ろ暗い思いをしつつも、教団に通報することなく、その家に同居した。

中学三年生のとき、母親と父親の実名が週刊誌に掲載され、スキャンダルとして報じられた。かつて同居していた女性たちを政治家たちに無料の愛人として、送りこんでいたと告発されたのだが、実際には、選挙のためのウグイス嬢や無給の私設秘書を派遣していただけだったという。教団を脱会した人たちのうちに過激なグループがあり、ぷるもさんの一家は標的にされた。記事のコピーが学校にばらまかれ、「淫乱の子は淫乱」といじめられた。マンションの郵便受けが破壊され、年賀状がすべて盗まれた。クラスメイトらの個人情報が抜きとられ、その子たちの家に嫌がらせの電話がかかるようになった。嫌がらせの電話は、進学が内定していた先の高校にもあったらしく、内定していた進学が白紙にされた。注文していない大量の寿司やピザが自宅に配達された。父親が監視カメラを設置し、怪しい人物をつけて犯人を突きとめ、警察に通報することで、ようやく騒ぎは収束した。

ところで、ぷるもさんは『究極超人あ〜る』や『機動警察パトレイバー』などで知られるマンガ家ゆうきまさみのファンだと語る。このふたつの作品には恋愛要素が薄いからだと聞いて、私はなるほどと思った。じつは私は中学時代、これらの作品のヒロインにあたる人物が、パートナーにあたるキャラクターと交遊しつつも、ほとんど恋愛関係を育まないことを不思議に感じながら、読んでいた。ぷるもさんは、恋愛しなくても良いのだというと安心感をもらったそうだ。自分が恋愛する姿は想像できず、あいかわらず女子同士の恋愛話についていけなかった。

「戦うトレンディドラマ」と言われた特撮テレビドラマ『鳥人戦隊ジェットマン』は楽しんで見ていた。だが、そのような恋愛要素は子ども向け番組には不適切ではないかと新聞で批評されるようになり、母親から見るのを禁じられた。ぷるもさんは仕方なく、『三匹が斬る!』や『銭形平次』などの時代劇を見て、心を慰めた。

こだか和麻のBLマンガが好きだった。抑圧からの解放をテーマにしている点に、自分の境遇を重ねあわせることができたからだ。自分でもBLマンガを描くようになった。しかしぷるもさんには、恋愛を経て性交渉に辿りつくまでの過程が想像できない。そこで、すでに恋愛関係になっているキャラクター同士の性交渉を描いた。ぷるもさんは「いまに至るまで、誰とも交際らしい交際をしたことがない」と告白する。恋愛問題からの疎外を感じた中学時代の困惑は、四〇歳を過ぎたいまでも基本的に解消されていない。恋愛への兆しが生まれても、自分がその相手と性的な関係を営むことになると思うと、嫌悪を覚えるのだった。

教祖が信者たちの結婚を一括管理する

そんなぷるもさんが、高校生のときにはほのかな恋愛を体験した。女子校に通っていたのだが、世界史の授業を担当していた男性教師に魅了された。大学院に通いながら、非常勤で勤めていた青年教師だ。つきあってどうこうという具体的なイメージは皆無だったが、自分のために時間を使ってほしいという独占欲が生まれた。「好きになったかもしれない」と友人たちに打ちあけると、彼女たちは歓喜してふたりをくっつけようとした。友だちがデートの約束を取りつけてくれ、その教師と郊外の遊園地に行き、ファミリーレストランで夕飯を食べ、カラオケに行った。それが、友人ではないクラスメイトたちに見られてしまう。学校でぷるもさん、男性教師、友人たちが個別に呼びだされ、叱責された。

そんなことがあったあとも、ぷるもさんはその教師に謝罪の電話をかけた。まだ携帯電話が普及していない時代。一〇円玉を集めて、家族の目を逃れ、公衆電話からかけた。相手は応対してくれて、それからも電話をかけるたびに同じだった。公私混同してしまうのは教育者として失格かもしれないが、当時はその対応を疑問に思わず、「親切な先生」だと感じていた。いまでは、障害者が支援者に淡い慕情を抱くのと同じだったと考えている。「自分を家から救ってくれるのではないか」と期待して、ぷるもさんは必死だった。だが、やがてその教師は教育実習でやってきた女性と交際するようになり、結婚する。ぷるもさんの恋愛未満の体験は終わった。

家では母親の干渉がひどかった。部屋中が荒らされ、性的な要素のものがすべて暴かれ、突きつけられて、糾弾された。私の母も同じタイプで、似たようなことをいつも体験していたから、胸が痛くなってしまう。あの時期に母親に対して覚えた「殺してやりたい」という強烈な衝動を、私はいまなお完全には払拭していない。ぷるもさんの場合はなお過酷だったと推測する。彼女の描いたＢＬマンガは、商業誌に掲載される水準に達していた。「どエロいのを描いてました。それが著者献本として出版社から郵送されてきて。最初は通販でエロ本を買ってると思われたんですけど、バレてしまって」。

ぷるもさんは児童相談所に相談した。だが「宗教の問題には関われません。おうちの問題だからおうちで解決してね」と突きはなされた。男を作って逃げるという選択肢もなかった。相手の男との生活が始まったら、当然ながら性欲を向けられてしまう。それがぷるもさんには耐えられない。

宗教教育は、結婚に備えたものへと移行していた。研究会に入って合宿をし、布教したり、食品や雑貨を売って、利益を献金したりする。駅前に行き、無料の占いをしてあげる、という触れこみで勧誘することもあった。

大学受験に失敗し、一浪した結果、母親に対してますます下手に出なくてはならなくなった。教団には、教祖が信者たちの婚約と結婚を一括して管理する仕組みがある。履歴書と写真を提出し、教祖が自由にカップルを決定するのだ。そうして最初の婚約を結んだ。結婚するまで、婚前交渉は厳禁。直後に相手はアメリカに留学したため、電話やファックスで交際することになった。

大学は男女共学を志望先にしていたが、途中までそれを容認していた母が、突如として反対に転じ、神奈川県にある女子大でないと学費を出さないと宣告した。ほかの大学の合格通知は母が廃棄した。仕方なく、その女子大に入学。当初は国文学を志望していたが、ゼミを取るまでに飽きてしまい、図書館情報学を専攻することにした。

在学中、婚約者との交流は続いた。相手は父親に強く抑圧され、「宗教をやりたくないんだ、仕方なしに結婚の話が出るところまで来てしまった」と吐露した。彼はアメリカで失踪し、騒動を起こしたこともあった。ぷるもさんは結婚に向けた準備を進めるために、教団の寮にひとりで入った。結婚を控えた男女が共に生活するのだが、トイレは共同で、生理用ナプキンを捨てるサニタリー・ボックスがない。ナプキンは陰部に当てるものだから、禁欲を強いられている男性たちを刺激しかねないと言われて、呆れはてた。

そうこうするうちに、男性信者のなかに自分に恋心を抱く人が出てきた。「男と女が一緒になるのはめんどくさいな」とうんざりした。年配の管理者たちは「あなたは衣服、髪型、メイクなどで誘惑している。あなたが悪い」と糾弾を始めた。「恋愛ってくたびれる」と感じた。

寮に入っているから、アルバイトをすることはできなかった。だから資金を貯めて逃亡する、という選択肢もなかった。

セックスレス外来でDVを指摘される

ぷるもさんがそうこうしているうちに、婚約者はアメリカから韓国に転居した。そこで、ぷるもさんも韓国で教団流の花嫁修行を継続することになった。高校のころから、友人たちに対して宗教の話題を避けるようになっていたため、「現地で韓国の俳優の追っかけをすることにした」と嘘をついた。嘘だったのに、韓国に来てから、アリバイ作りとして実際に好きになれそうな俳優を探したところ、これぞという人が見つかった。ファンクラブを組織し、ウェブサイトを作り、本人に連絡したところ、俳優本人とマネージャーがじきじきに面会してくれて、交流するようになった。日本で韓流ブームが始まる前夜という時代だ。これは注意欠如・多動症の行動力が生んだ成果だったとぷるもさんは考えている。

その俳優が日本の雑誌のインタビューで、自分のことを「印象に残っているファン」として話題にした。このことで日本のファンから嫉妬を買うようになり、ウェブサイトの掲示板が荒らされ、匿名掲示板ウェブサイト「2ちゃんねる」（現「5ちゃんねる」）で誹謗中傷をこうむった。その俳優が来日するのに合わせて、ぷるもさんも帰国すると、事件が発生した。ぷるもさんが俳優と歓談し、舞台挨拶を観て、空港で見送ったあと、友人のひとりが「コートの背中、すごい切れてるよ‼」と指摘してくれた。ダッフルコートを脱いでみると、刃物で刺されたことがわかった。その日は寒かったため、ぷるもさんはコートの下にもう一枚コートを着ていた。そのおかげで、刃先が皮膚に届かず、刺殺を免れた。

母親や教団から、婚約者をよく支えるようにと命じられていたものの、韓国では彼とほとんど会えずじまいで、女遊びを激しくしているという話ばかりが入ってくる。ぷるもさんは「この結婚にこだわっていない、関係を解消してほしい」と伝えようとしたが、婚約者は電話に出てくれず、家に行っても居留守を使われてしまう。最終的にはかき氷屋に呼びだされ、「別れよう」と告げられた。相手は言うなり、逃げるように店を出て行った。八年におよぶ、肉体関係のない婚約生活の終幕だった。

この展開に教団側も狼狽し、さっそく新しい相手が手配された。今度の相手は韓国人だった。二八歳で結婚した。まずは韓国の夫の実家に住んだが、夜になるとぷるもさんは頑強に性交渉を拒んでいた。結婚した翌月、夫を伴って日本の実家に移った。「そこで処女を奪われました。隣の部屋では親が寝ているから、嫌で仕方なかった。痛くて、つらくて。そうしたら薬局でジェルを買ってこいと、ついでにコンドームも買ってこいと言われて。やりたくもない行為をやるために買いに行かされる自分が惨めでしたね。愛撫させられ、フェラチオも強要されて。ほんとうに気持ち悪かった」。

夫は非常に暴力的な人で、結婚生活は苦難の連続だった。「暴力を振るっているときの彼って、いつも笑ってるんですね。怖かった。これ、さすがに違うんじゃないかって思ったんですけど、何もできなくて。性生活ではもっと求められるようになりました。ノルマになってしんどかったですね。子どもを妊娠するまで大変でした」。夫は自分の人生に不満を溜めこんでいた。どの大学にも受からず、教祖の名前がついた大学に入り、それに劣等感を抱いていた。その結果として家庭内暴力が発生したのだと考えている。「結婚するまでは親の言いなり、結婚してからは夫の言いなり。歯を食いしばって暴力に耐え、奥歯が折れたこともありました。愛を持って交わるっていうのではなく、性欲の捌け口にされて」。

子どもを身籠ると、そそくさとセックスレスに移行した。夫は泣きじゃくって、「妻とセックスできない男がどれだけ惨めかわかるか。病院へ行け！」と叫んだ。ぷるもさんも、自分のほうがおかしいのだろうかと悩み、泌尿器科のセックスレス外来を受診した。そのころに教団の通信紙に寄稿したという文章を、見せてくれた。「物心ついたころからずっと波間を漂うクラゲのような生き方をしていたが、ついに一児の母に」という見出しが載っていて、私は苦笑いを浮かべた。私自身もゆらゆらと揺らめきながら生きているような、すべてが水の中に入っているような感覚があるといつも感じていて、それを最初の著作『みんな水の中』の書名にもしたからだ。

ぷるもさんの文章を引用してみよう。彼女が自分の人生に困惑を覚えながら、無理にでも状況を受けいれようと苦闘していた様子が、よく表現されている。

「今の先導者（注：夫のこと）は信仰心もあまりないし経済的にも欠ける人ですが、私のことを愛してくれているという一点だけで『夫婦になって良かったな』と思えます。／この先なにがあるのかはわからないので気軽に『浄清最高！』とは言えません。浄清は受けて終わりではなく、ほんとうに難しいのは受けてからです。お互いが相手の為に生きようと思えなければ、すぐに壊れてしまいます。自己中心的な考えを持てば、サタンが残酷な方法で奪って行きます。今でも自分の欲望に正直な行動をしてしまいがちですが、今回の浄清は自分でやろうと決めたことなので、最後までやり通すつもりでいます。／何の見本にもならない証言でごめんなさい。こんなどうしようもない人間でも浄清を受けてそれなりに上手くやっていけるんだね、と思って読んでいただけたら幸いです。最後まで、読んでいただいてありがとうございました」。

我慢の限界が来ていたぷるもさんに対して、セックスレス外来の女医は「あなたはＤＶを受けているじゃないですか」と尋ねた。家庭内暴力に関する相談カードを受けとった。「これって嫌って思っていいのかって初めて気づいたんですよね」。それが決定的な転機になった。インターネットで情報を収集し、カルト宗教に詳しい弁護士に相談した。ぷるもさんは離婚に成功し、ついに教団からの脱会を果たした。その数年後に発達障害の診断を受けることになる。

主体的に相手の性欲を支配したい欲望

韓国で花嫁修行をしていたときは、宇宙無量心修行堂という施設に入居していたという。そこでの「教育」が私には衝撃的だった。宗教二世のための自助グループをやっているために、この教団の話はさまざまに聞いていたのだが、性の問題に関する私のイメージは、極度な禁欲主義というものだった。だが、ぷるもさんは「違います」と断言する。

ぷるも：結婚したら娼婦になれっていう教義なんです。夜は夫婦とも裸になって寝なければならない。

横道：はあ。

ぷるも：小学生になった子どもが一緒に部屋で寝る場合でも、夫婦は下半身を裸にするべきだと教えています。ほら、この資料に書いてあります。
横道：（読みながら）はあ。
ぷるも：書いてありますね。「夜は夫の愛をいつでも受けいれられるように生殖器を完全にオープンにしなさい」と。実際に、何度もそう指導されました。
横道：はあ。生殖器を完全にオープンに。
ぷるも：そしてフェラチオを推奨されます。口のなかに出された精液がわすれられない味になる、なんて力説されるんです。
横道：はあ。
ぷるも：初夜には舅《しゅうと》と姑《しゅうとめ》がやってきて、セックスを見せて教えることを教祖が奨励しています。
横道：へええ。
ぷるも：結婚したあとも、何組かの夫婦が集まって、セックスを見せあうのが良いと。そうして学びあうんですね。
横道：……。

宗教と性の関係は複雑なのだと、改めて実感した。私としては、私が信じるように強要されていた宗教を嫌でも思いだす。この宗教では、婚前交渉を犯した信者たちに対して、査問委員会が招集され、地域グループの「族長」と呼ばれる人物が、男女の両方から具体的にどのような性交渉をしたのか、細部にいたるまで聞き取り調査する。呆れるほど、人権意識を欠いている。彼らは悪魔王サタンを最大の敵だと見なしているが、彼らのやっていることこそがサタンの所業と言って良い。

ぷるもさんは現在、ひとり息子とシングルマザーとして生きている。少し前まで大手のＩＴ企業に勤めていたけれど、発達障害を診断されたと申告しても、合理的配慮をしてもらえず、雇いどめに遭ってしまった。裁判をするために支援者を募り、無事に資金を得ることができたのは良かったが、親子ふたりで困窮し、生活保護を申請した。

ぷるもさんは語る。「パートナーはほしいけれど、私のリスセクシャルは変わっていません。自分を研究するために、いろんなＡＶを観てみました。それで最近、ようやく『痴女もの』と相性がいいことに気づきました。特に射精管理です。女性が男性にのしかかられるのではなく、主体的に相手の射精を、性欲を支配するんです。これに興奮します。自分が絡むことを連想させるようなＡＶは、気持ち悪いです」。

性の問題はつくづくおもしろく、つくづく心を暗くもし、つくづく身につまされる。いや、厄介きわまるというべきか。ぷるもさんの容姿についてここで初めて言及するが、彼女とのインタビューを通じて、私は古典的な絵画や彫像で表現された聖母マリア像やヴィーナス像を連想していた。どことなくレトロな、恬淡《てんたん》とした美しさ。浮世離れした眼つきと、ほとんど無表情に話すさまが、他者に同調しにくい自閉スペクトラム症の特性をよく表している。それがなんとなく神々しい印象を与える。宗教や神話の世界にふさわしい人物。それでも、彼女のようにして恋愛から縁遠くなる女性もいるのだ、という事実に、私はなんとも言えないまま、また深い溜め息を吐いた。

第七章

シロウト童貞の数独さん

青さん（第二章）や了一さん（第四章）についての章でも書いたことだが、自閉スペクトラム症の男性には「非モテ」が多い。理由のひとつは、地球外知的生命体のような印象を与えて、気持ち悪がられるからだ。自閉スペクトラム症の神経構造は定型発達者とは異なっていて、認知特性にかなりのズレがある。結果的に、感じ方や考え方に独自性が生まれる。

定型発達者から見ると、自閉スペクトラム症者は「空気」が読めず、歯に衣着せず語り、存在感が独特で、行動に唐突感がある。そのため、自閉スペクトラム症の男性は定型発達者の男性からいじめられやすい。自閉スペクトラム症の女性も、定型発達者の女性からいじめられやすい。

だが、自閉スペクトラム症の女性は、自閉スペクトラム症の男性から一定の人気を集める。「空気」が読めず、歯に衣着せず語り、存在感が独特で、行動に唐突感があるということは「天然キャラ」の「不思議ちゃん」と見なされるということだから、「ちょっと変わっててかわいい子」という印象につながるのだ。これに対して、自閉スペクトラム症の男性は、定型発達者の女性から敬遠されやすい。よほど容姿に恵まれていなければ「不思議くん」は好かれない。意味不明の気持ち悪い男として扱われてしまうのだ。

今回取材した数独さんと私は、この印象を与えやすいという点でまったく一致している。数独さんは三四歳、熊本で生まれ、いまも熊本に住んでいる。私は大阪生まれ、京都在住で、現在四三歳だから、世代がひとつズレている。私は本書に収録したすべての人たちに対して、自分と似ていると感じてしまうのだが、数独さんにいたっては、ほとんど自分の分身なんじゃないかとすら思ってしまう。自分の分身のような気がするだけでなく、すべての自閉スペクトラム症者には「数独さん的な何か」が共有されていると感じる。ひとつの典型的な存在と言って良い。数独さんの空気の読めなさ、正確には空気を読めていても、それを無視することができる（という形での空気の読めなさ）に、自閉スペクトラム症の第一次的な世界体験のありようを感じてしまう。

ほかにも、私と数独さんのあいだには類似点がある。私たちのどちらにも注意欠如・多動症が併発していて、衝動性が強い。私にも数独さんにも吃音があって、数独さんのものは私よりもきつい。ただし数独さんには循環器系の難病もあって、私は身体的にはおおむね健康に恵まれているから、数独さんはその点で私よりずっと生きづらいだろう。

数独さんに「自閉スペクトラム症の特性に関係するおもしろいエピソードを教えてほしいです」と頼んでみた。「あるとき試しにメイドカフェに行ってみようと思ったんですね。そしてめっちゃ待たされまして。隣にデブで不細工な人がいて、上客らしく丁寧に扱われているんです。アニメの『ラブライブ!』のグッズを身につけてるメイドが受付嬢を担当してて。もう腹が立ってしまって。ようやく自分の番が来て、『会員証を作るんで、お名前を教えてくれますか』と言われたので、『ちんこ! うんこ! ラブライバーの飾り、きもいわ!』と叫んだんです。イライラして言ってしまった。そしたら店長が出てきて追いだされてしまって」。

なんともかんとも、ヤバ過ぎる。自他共に認める重度の「KY」(空気が読めない人のこと)の数独さんは、衝動性にも支配されている。空気がまったく読めないということはなくても、その空気を破壊しないではいられないくらい自分の気持ちに正直だ。込みあげてくる衝動が、彼に一線を踏みこえさせる。

数独さんは、発達界隈では「テポドンミサイルの数独」と呼ばれている。テポドンとは北朝鮮が開発したプロトタイプの弾道ミサイルのことだ。それでは数独さんの苦悩にまみれた人生に迫ってみよう。

巨乳が大好きなマッチョイズムの少年

数独さんは熊本市内で男ばかり三兄弟の次男として生まれた。小学生のときは読書が好きで、よく図書館にこもっていた。読んでいたのは、偉人の伝記。数独さんは発達界隈で「マッチョイズムの人」として知られていて、どうしても反発を感じてしまう相手は「ツイフェミさん」たちだ。それで私は、数独さんが「男たるもの何者かにならねばならない」という信念を偉人伝から学んだのだろうかと推測したが、数独さんが好んだ偉人は為政者や軍事的天才ではなく、平賀源内や杉田玄白など、文化革新に貢献した日本人たちだった。数独さんもおとなになったらそのような人になって、日本社会に貢献したかったと語る。

私自身は、エジソンやアインシュタイン、ピカソやゴッホの伝記に夢中になったことを思いだす。子どものころは落ちこぼれだったのに、成長して天才と見なされたエジソンやアインシュタインに、いじめられっ子だった私は自分を重ねあわせ、「自分もほんとは天才だったら良いのに」と夢見ていた。奇矯な言動で周りを驚かせていたピカソやゴッホにも、芸術家肌の自分を重ねあわせた。発達障害の診断を受けたあとに、これらの四人の人物が、おそらく発達障害者だったと想像させる歴史上の人物としてよく話題になるのを知って、私は大いに納得したものだ。

子どものころの数独さんは友だちに恵まれていた。学校の図書室にこもり、未知のものごとを知るのに夢中になっていても、友だちが何人も迎えに来て、外に連れだしてくれた。いじめられた経験はなかった。「それで自己肯定感が守られたんですね。発達障害がある仲間は、小さいころからいじめられた人が多いから、それで屈折している人が多いと感じます」。うむむ、私はまさにいじめられた経験が多いから、数独さんの言葉がグサリと刺さってくる。

小学生のときはマンガ『幽☆遊☆白書』のファンだった。当時の少年としては王道路線の趣味嗜好だ。竹中直人が主演した大河ドラマ『秀吉』が社会現象になり、数独さんも毎週夢中になった。「それで戦国時代に興味が湧いて。熊本の人間だから細川家について熱心に調べました」。小学高学年になると、地元でやっている大太鼓の祭りに関心が高まり、太鼓叩きの体験会によく参加するようになった。

性への目覚めはそれより少し前の、九歳ごろ。アニメとして放映されていた『地獄先生ぬ〜べ〜』や酒屋に貼ってあった外国人女性のエロチックなポスターにときめいた。しかしオナニーには至らなかった。

中学生になると、美術部に入った。知的好奇心は高いままだったが、学校の勉強がそれほど得意ではなく、塾に通うことになった。当時は深夜ではなく夕方にアニメが多く放映されていた。それらを観る時間はなくなったが、大きな苦痛を感じるほどではなかった。これは私と対照的だ。中学時代の私にとっては、夕方のアニメが生活上で最優先すべきものだった。そのため、親に対して学習塾ではなく通信教育や家庭教師を希望しつづけた。

家ではテレビゲームの『信長の野望』で遊んだが、このゲームで遊んだ自閉スペクトラム症者がよくそうなるのとは異なって、「戦国武将マニア」にはならなかった。むしろ時代劇の『暴れん坊将軍』を好み、徳川吉宗のファンになった。数独さんは、為政者でも文化的で開明的なタイプを好んだわけだ。私の場合は、中学生のとき『信長の野望』や大河ドラマ『信長　KING OF ZIPANGU』のファンで、ありがちな戦国武将マニアに変貌した。時代劇にも興味を持っていろいろ鑑賞したもののの、「これはリアルな歴史とは別物だな」と感じて、興味を失った。同じ自閉スペクトラム症者同士とはいえ、似ているようで異なっている。

数独さんが初めてオナニーを経験したのは一三歳か一四歳のときだったという。

『DRAGON QUEST ダイの大冒険』に登場するマァムがお気に入りだったと語ってくれたから、なぜ同作品に登場するもうひとりのヒロイン、レオナ姫ではなかったのかと尋ねると、言いよどんだあとに「胸が大きかったからです」と答えてくれた。そのころからいまにいたるまで、ずっと「巨乳好き」。ここでも私とは対照的。私の場合は、実母の胸がかなり大きく、かつ彼女とは長く深刻な葛藤があるから、私はいまでも胸が大きい人を見ると母を連想してしまい、居心地が悪くなる。

数独さんは、コンビニでエロ本のグラビアを見たり、アダルトビデオをこっそり楽しんだりした。好んだのは、巨乳をセールスポイントにしているグラビアアイドルやAV女優ばかり。そのほかに特殊な性的嗜好はなかったという。ほんとうだろうか？

同級生の女子のあいだではボーイズラブの同人誌がはやっていた。『幽☆遊☆白書』の飛影と蔵馬が性交する内容の冊子を見かけて、「気持ち悪！」と感じた。数独さんが言った「気持ち悪！」という言い方に迫真的な嫌悪感がこもっていて、興味深く感じた。ボーイズラブを好む女性を蔑視する女性嫌悪の言説は珍しくないが、数独さんにもその種の心情が備わっている。

発達界隈最強クラスのATフィールド

高校は男子校だった。理由を尋ねると、「家から近い高校だった」と簡単な回答。「女子への興味はなかったわけではないけど、深く考えてなかったですね」。中学時代の終わりからいじめられるようになっていて、高校になるとそれは激化した。数独さんはひたすら耐えた。

大太鼓祭りによって地域が支えられているため、自分もそれに貢献したいと考えて、自治組織の青年団に入った。じつにおもしろいと私は感じる。私は地元に貢献したいと思ったことが一度もない。もっとも、私が育った地域は大阪湾の埋立地に立った新興住宅街で、自治体としての歴史らしい歴史がほとんどなく、「地元愛」は一般に希薄な地域だったのだが。

二〇世紀から二一世紀に移行する時期で、日本人はすでに不況に苦しんでいたとはいえ、その不況がそれから何十年も続くとは想定できず、いまから考えると気持ちの明るい人が多かったと思う。多くの人が漠然とした「世紀末」意識を共有していて、それは当然ながら、やがて「新世紀」への漠然とした期待に変容した。

「高校では国語の時間に、アイスブレイクとして教師が『AVを観て楽しいのはなぜか』と切りだしたりしてましたね。ゆるい時代でした」。アメリカの雑誌「PLAYBOY」の日本版を読んで楽しみ、エロ本やアダルトビデオをクラスメイトと交換した。やはり巨乳かどうかというのが興奮の最大の基準だった。これが自閉スペクトラム症者の「こだわり」なのか、それとも多くの男性に共有された一般的な選好性なのかは、数独さんにも私にもわからない。

数独さんは、「そう言えばスカトロのDVDを見て、気持ち悪！　と思ったことがあります」と吐きすてるようにいった。自閉スペクトラム症がこのように吐きすてるように語るとき、私はいつも『新世紀エヴァンゲリオン』のATフィールドを思いだす。他者を拒絶する強力な精神的かつ物理的なバリア兵器のことだ。人間は誰しもがATフィールドのようなものを持っているはずだが、自閉スペクトラム症はそれを特に強く展開する。私の知る限り、数独さんは発達界隈でも最強クラスのATフィールドを誇っている。だが、それは私たちだけの責に帰せられるのだろうか。あまりにも他者から拒絶される経験を重ねた結果として、自己防御反応が過剰に高まってしまったのではないのか。それでいつも「ATフィールド全開！」な局面が増えてしまうのではないだろうか。

なお数独さんと『エヴァンゲリオン』の話をしていると、古本屋でこの作品の18禁同人誌を制服のまま立ち読みしていて、店主に叩きだされたことがあるという逸話を教えてくれた。一方では頑固なのに、一方では笑えるキャラの数独さん。この点にも私は親近感を抱く。

自閉スペクトラム症には感覚過敏が付属し、五感が鋭くなりやすい。数独さんは、角川書店（当時）から発売されているパソコンや美少女ゲームをテーマにしている雑誌「コンプティーク」を書店で立ち読みするたびに「変な匂いがする」と感じたと語る。簡単に言えば「精液の匂い」ということだ。悪戯する客がいるようには見えなかった。

自閉スペクトラム症者にはオタクが多いと私は思う。あるいは、オタクには自閉スペクトラム症者が多いということだろうか。私は、数独さんが家でオナニーをして、その匂いがついた服を来て外に出かけ、服から立ち読みした雑誌に精液の香りが移ってしまったということではないかと訝しんだ。あるいは、数独さんとは別のオタク男性の読者もその雑誌をよく立ち読みしていたはずだから、彼らの匂いがつぎつぎに移り、かなりの悪臭へと成長していたのかもしれない。自閉スペクトラム症者は匂いに敏感とはいえ、自分の体臭には慣れているから、自分の体から出る悪臭に無頓着な当事者も稀ではない。
いじめは高校一年生のときまでで、二年生になるともうやんでいた。

セックスのほうが気持ち良かったです

大学は福岡にあるキリスト教系の私立に入った。理由のひとつは、単純に偏差値が合っていたからだ。別の理由は「伝統がある大学のほうが、就職がましだろう」と想像したからだった。「古風なものに憧れを感じる、マッチョイズムに通じる何かしらが関係していますか」と尋ねると、「そうかもしれませんね」と答える。どんな実生活が送られたのだろうか。

大学に入った数独さんは、勉強もそこそこに、アニメ鑑賞に時間を割いた。『デ・ジ・キャラット』と『ギャラクシーエンジェル』の二作品が特に好きだった。「萌え」という言葉が生まれ、急速に広まっていた時期だ。これらは典型的な「萌え」系の作品、つまりロリータ的な美少女アニメキャラが大挙出動する内容だ。私も当時の「萌え」人気の広がりを見て、「ついに自分たちの時代が来た！」と感激したことを思いだす。

しかし、なぜこの二作品なのか。数独さんは「スラップスティック・コメディが好きだったんです」と答えたから、ここで私は自分との距離感を覚えた。レトロ趣味のある私は、自分より上の世代が好んだマンガ『うる星やつら』の熱狂的なファンなのだが、静と動の対比がよくコントロールされた高橋留美子の原作に魅了されつつ、スラップスティックの側面を強調したアニメ版にはどうしてもなじめなかった。聴覚が過敏なため、ドタバタした作風に「うるさい」と感じて心が塞がってしまうのだ。いまにいたるまで、スラップスティックの様式は、おおむね不得意だ。

大学生になると、周囲に恋人のある学生がどんどん増えてくる。その苦しさは私も理解できる。私も初めての恋人ができるまで、毎日がじりじりと焦げつくような印象だった。数独さんも相当に苦しんだようだ。二〇歳になる直前の時代、私にも数独さんにも、「非モテ」という事実が重くのしかかっていた。

私も数独さんも、一世を風靡した「2ちゃんねる」の熱心なユーザーだった。私は知らなかったのだが、ハードボイルド小説や歴史小説の大家、北方謙三は男性誌「Hot-Dog PRESS」の人生相談「試みの地平線」を担当していて、よく「ソープに行け！」の決まり文句で童貞たちの悩みを一刀両断していたらしい。それが「2ちゃんねる」でネタとして流行していて、数独さんも影響を受けたと語る。性風俗に行けば、彼女ができない劣等感から解放されると考えたのだ。

ちょうど、大太鼓祭りのための青年団の先輩も福岡市に移住していて、よく一緒に食事をしていた。話しているうちに一緒に性風俗に行こうとそそのかされた。北方謙三の導きのままにソープに出かけた。相手の女性は外国人で、九〇分コースだったと記憶している。「すごい体験でしたって言えば、おもしろいんですかね、でもそんなでもないですよ。『ああ、やれたな』って淡々とした思いがあって」。私も初めて性交したとき（私は自分の恋人とだけど）、「セックスってこんな程度のものなんだな」と思ったことが記憶にある。自分で自由に調整できるオナニーのほうが快感が大きいと考えたのだ。そこで数独さんに「オナニーよりも気持ち良かったですか」と尋ねると、「セックスのほうが気持ち良かったです」と答えたので、なんだよと拍子抜けした。

それ以来、数独さんはおっぱいパブ（セクキャバ）やデリヘル（派遣型の性風俗サービス）に夢中になった。もちろん「おっぱいが大きい人」を指名する。先輩が頻繁に誘ってくれるようになり、言われるままにあちこちに出かけた。数独さんは、いまにいたるまで、性風俗でしか性経験がない「シロウト童貞」だ。逆に私は長年性風俗に忌避感が強く、性風俗での性経験がない、いわば「クロウト童貞」だったから、同じ「非モテ」なのに対照的だと思う。私の場合は、子どものころに受けたカルト宗教の純潔思想が、脱会後も私をマインド・コントロールしつづけていた。

序章でも述べたが、私は性交経験に苦労することが多かった。初めての恋人は童貞の私と同じく処女だったため、はじめのころは性交のたびにひどく痛がった。膣を強く締めつけるので、触覚も過敏な私は男根が痛くて性交を続ける意欲が削がれた。初期のころには早漏だったが、三〇代になると遅漏になり、なかなか射精しないので、性交する相手に申し訳ない気持ちが湧くようになった。そのあたりの話を数独さんと交わしたかったのだが、性交に関する苦労話を持ちかけると、「普通ですよ、普通」と拒絶的に答えるので、追及するのをやめた。実際に「普通」なのかもしれないが、その「普通」とはなんなのかが、私にはわからない。あるいは「普通」でない実態を答えたくないのだろうか。

大学生の数独さんは、芸能事務所イエローキャブに所属するグラビアアイドルが好きだったと回顧する。特に小池栄子を好んだ。ほかには、雛形あきこ、佐藤江梨子、根本はるみなど。ほかの事務所では、藤井隆と結婚する前の乙葉。共通点はみな巨乳ということだ。

数独さんは「男の娘《こ》もの」も好きだというので、私は関心を惹かれた。美少女のように見える男性キャラを愛好し、性的対象にする男性がいる。私もこれをわりと好むが、数独さんは、「そういうことではないんです」と断言する。大学生のときはアニメ『あぃまぃみぃ！ストロベリー・エッグ』という作品が好きで、これは胸パッドや音声変換器などを使って美貌の女子教師に変装した青年を主人公とする作品だ。主人公は学園の女尊男卑を変えるために苦闘する。「男らしくなく見えても、やるときはやる！　というのが良いんです」。

なるほど、「男の娘」にそういう需要もあるのかと私は初めて知った。「女尊男卑」と戦うという内容が、いかにも数独さんのマッチョイズム（あるいは女性嫌悪）をくすぐりそうだ。しかし、ほんとうにそれだけなのか。数独さんは実際には男根の生えた美少女に憧れがあり、自分もそうなりたいと思ったり、あるいはそういう相手と性交渉をしたいと思ったりしているのではないだろうか。私の疑惑は深まるが、追及すると拒絶されそうだから黙っておいた。

暗鬱な思いに包まれた、二〇代の日々

就職活動をしていて、「人の縁に感謝しなさい」と熱く語る経営者に魅せられた。

その企業に就職することはできなかったが、いまでも数独さんはこの考え方を大切にしている。二〇〇七年に大学を卒業したが、無職だった。就職に良さそうと思って入った大学なのに、自分を押しあげてはくれなかった。

それからの二〇代の日々は、暗鬱な思いに包まれた。熊本の実家に戻って、社会に翻弄されながら、アルバイトをしつつ目的もなく生きていた。いかにも注意欠如・多動症者らしく、衝動的に行動して失敗する。自閉スペクトラム症者だからコミュニケーションが不得意で、他人にうまく相談することができなかった。さまざまな人に騙され、金銭詐欺に遭ったり、借金を負わされたりした。発達界隈ではよく耳にする話だ。

大学を卒業してから『Fate/stay night』や『月姫』といったゲーム作品のファンになっていた。奈須きのこが脚本を担当し、武内崇《たかし》が原画を担当して、一世を風靡した作品群だ。それらの作品の全年齢層向けのコミックアンソロジーを読むと、心を慰められた。

恋人はできないままだったが、「社員になるまでは女の尻を追っかけるなんて情けない」と自分に言い聞かせた。大学時代にのめりこんだ性風俗店にも行かなくなった。キツいアルバイトをしていると、そのような遊びはなかなかできなくなる。

時間がないだけでなく、体を動かして派手に遊ぶ意欲が失せてくる。コンビニに行って、DVD付きの18禁雑誌を買い、プレイステーション2で再生してオナニーに耽った。さまざまなことに興味がなくなり、好きな芸能人などがいなくなった。一種の鬱状態だ。

アルバイトだけでは収入が乏しく、セドリを始めた。ブックオフで携帯電話を操作しながら他社での買取り価格を検索し、儲かりそうなものを購入する。「特典付きのエロゲーが儲かる」と気づき、稼いだ。そうするうちに初めて18禁ゲームに興味が湧き、自分でもプレイするようになった。まだメジャーになっていなかったころ、アニメ監督の新海誠は、minoriという会社で18禁ゲームのオープニング映像を制作していた。それらを見て芸術的な感動を覚え、ファンになった。

そうして、数独さんはアニメ風の美少女キャラでオナニーすることが増えていった。私は大学生のときに、精神科医の斎藤環さんの『戦闘美少女の精神分析』を読んで、オタクかどうかの分岐点は、アニメのキャラクターで「ヌく」ことができるかどうかにある、と書かれているのを読んだことを思いだした。この基準で言えば、かつての私は筋金入りのオタクだった。大学生のときに初めての恋人ができて、生身の女性に対して急速に関心が高まっていったが、そのすぐ前まで、私はアニメキャラで「ヌく」ことができるどころか、アニメのキャラでしか「ヌく」ことができなかったからだ。数独さんはまったく逆だ。むしろ初期には現実の女性をオナニーの対象として選ぶことが多く、徐々にアニメキャラの女性を「主食」とするようになっていった。

とはいえ数独さんは語る。「ゆずソフトのエロゲーが好きでした。純愛の普通のエロゲーだからです。陵辱ものなどが好きじゃなくて」。こういう一種の「純粋さ」は私に似ていると感じる。私も数独さんも「純愛」に憧れがある。悲しい「非モテ」の私たち。

数独さんは近所のレンタルビデオ店にアルバイト生活の軸足を置くようになっていったが、三年ほど働いて上司とトラブルを起こすようになり、クビになった。それからは清掃の仕事をやはり三年ほど続けたが、やはりクビになった。精神科に通うようになり、発達障害の診断を受けたが、自分が障害者として認定されたことを受けいれられず、劣等感ばかりが募った。発達障害に関する世間の認知はまだ充分ではなかった。

数独さんは女性との出会いを諦め、違法動画サイトを巡回して、アニメ作品を観ながらオナニーをすることに喜びのすべてを見出した。「でもR15レベルのものが中心なんですよ。Ｒ18は大手が作らないから、出来が悪い」。特に好きだった作品は『聖痕のクェイサー』。この作品は「どこまでも女性の胸にこだわる」という方針で人気を博した。乳房、乳首、乳輪の形や色をキャラごとに描きわけ、その質感や動きの表現を緻密に表現している。ほかには『School Days』などの「デイズ」シリーズが好きだった。主人公の男性が、登場する女性たちを孕ませまくり、最後にそのひとりに刺殺される問題作だ。ほかには『処女《おとめ》はお姉《ボ》さま《ク》に恋してる』や『恋する乙女と守護の盾』といった「男の娘」もの。

思いつきで民宿を五島列島ではじめる

二〇一七年、二九歳になったのを機会として、突然、長崎県の五島列島で生活を立てなおしてみたいという考えに憑かれた。島での生活に憧れがあり、民宿を始めることにした。「五島列島には憧れがありました。もう行くところまで行くしかないかなと思って挑戦したんです」。しかし、当然ながら突発的に始めた民宿はうまくいかなかった。そこで数独さんは、五島列島でも違法動画サイトを見ながら日夜オナニーに耽った。「ＡＶ半分、アニメ半分くらいです。ＡＶはやっぱり巨乳もの。

アニメは純愛系と男の娘もの」。

しかし気晴らしにひさしぶりに訪れた福岡市で「自分の殻を破ろう！」をテーマとした自己啓発セミナーに参加したのがひとつの転機だった。自分と同い年の女性と知りあいになり、服を買いにいくのにつきあったり、映画を一緒に観に行ったりした。相手の女性の印象を尋ねると「優しそうな人でした」と答える。「胸は大きかったですか」と尋ねると、「おっぱいは普通ですよ。性欲と異性に求めるものとは、違うじゃないですか」とたしなめられた。反省、反省。デートの回数は二回、身体的な接触は皆無だったが、これが数独さんの初めての男女交際の経験だった。

二〇二〇年、民宿経営を諦めた数独さんは熊本の実家に戻り、就労移行支援に通うことにした。あわせて発達障害者のための自助グループに参加するようになる。そこでも出会いがあった。「自分より何歳か年下の女性です。サバを読んでたかもしれませんけれど。自助グループって男女の出会いを禁止してます。でも相手から声をかけてきて。オムライスを一緒に食べたりしました。精神的に不安定な人で、デート中は何も言わないのに、あとからＬＩＮＥで『もっとちゃんと迫ってよ』と書いてくるから、どうして良いのかわからなくて。ツイッターで彼女の裏アカを発見しましたが、自分はボロクソに書かれてました」。そうして、数独さんの二度目の男女交際は終わった。やはり身体的接触は一度もなかった。自助会を出会いの場として利用したことが主宰者にバレて、「一回目だから許すけど、もう一回やったら出入り禁止だ」と警告を受けた。

生きづらい人の、その頑固さと純粋さ

数独さんと話していると、先にも書いたATフィールドをすぐに発動されてしまう。

横道：あの数独さん、あまりつきあいが良くない印象を与えているみたいで。たとえばツイッターのスペースで話していても、「洗濯物を干したいんで落ちます」と発言してすぐに去っていったり。同じようなことですが……

数独：なんなんですか、それ。スペースなんか好きにやればいいってことですよ。相手を傷つけないように、わざわざ断ってから落ちてるんですよ。スペースばっかりやってる人って、依存してる人ですよね。どれだけ依存してるんだって話ですよ。それにマコト（横道）さん、最近よく「非モテ」界隈

のスペースにいってますよね。あんな人たちとつるんで何か意味があるんですか。

私としては、「いや、スペースの使い方がどうかということがポイントではなくて、いろんな人から数独さんはつきあいが悪いって言われているけど、このまえは私と一緒に福岡で飲み会をしたし、もしかすると、周囲にいろいろ誤解されているかもしれません。ちょっと処世術をいろいろ工夫してみても良いかもしれません」と提案しようとしたのだ。また私が「非モテ」界隈のスペースに出入りしているのは、本書のための予備調査（特に今回の数独さんへのインタビューのための予備調査）が目的だと注釈したかった。だが数独さんがATフィールドを強力に展開し、攻撃的防衛を開始したので、私はそれ以上しゃべる気を失ってしまった。

この強力なATフィールドによって、私たちの人間関係は細ってしまう。自己完結した人間と見なされるからだ。こうして私たちは恋愛では「非モテ」になり、仕事でも人間関係を維持できなくなってしまう。「人の縁に感謝する」を信条とする数独さんには、大きな損失ではないだろうか。

傷ついて生きてきた数独さんは、女性嫌悪を深めている。ツイッター上の自称フェミニストたち、いわゆる「ツイフェミさん」への反感を強めている。「萌えキャラを批判して、いちいち鬱陶《うっとう》しいんです。対話とはほど遠いところにいて、ギャアギャアわめく、なぜ対話しないんだと。鬱陶しいなこいつら、と思うんですね」。私は男たちによるものであれ、女たちによるものであれ、特定の相手に「魔女狩り」めいた仕方でよってたかってリンチを加えようとする行為に対していっさい共感できないため、気持ちはわからないでもない。

そして私も数独さんと同じく「オタク男性」だ。現実の世界で苦しみにまみれ、少なくとも幸せそうに見える女性たちよりはずっと生きづらさを感じ、仕事ではうまく行かず、結婚もできず、なんとかアニメ絵の美少女キャラたちにひそやかな慰めを見出すことでギリギリ呼吸できているような状態なのに、「その最後の希望すらオレたちから奪おうとするのか」と絶望を抱き、「ツイフェミさん」に反感を抱いてしまう、という心理的メカニズムは容易に理解できる。

だが、その「ツイフェミさん」たちにしても、きっと数独さんや私に通じるような現実でのさまざまな「傷つき」の経験から、ATフィールドを強力に展開するにいたっているのだと想像する。だから私は、「ツイフェミさん」たちにも数独さんに対するのと同じように、胸を痛めるときがある。数独さんと私、そして「ツイフェミさん」たちは、同じような純粋さと頑固さを共有しているのだと感じる。

先にも書いたとおり、私は数独さんをほとんど自分の分身だと感じている。数独さんと私の魂はあまりに似過ぎていて、数独さんの人生は私自身の「ありえた別の人生」だと感じられてやまない。

だが、こうやって突っ込んでインタビューしてみれば、私たちのあいだには、実際にはさまざまな不一致がある。数独さんには結婚願望はなく、これまでに好きになった現実の女性はひとりとしていないと語る。これは私とは明確に異なる。数独さんはいまでも地元の熊本で大太鼓のための青年団に関わっていて、同性の友人がたくさんいるという。これも私とは対極的で、私には友人と言える人はほとんどいない。しかし、このインタビューを通じて、私はしきりに自分と数独さんを比較しつづけた。そして、私たちのあいだにさまざまな違いを発見するたびに私は驚き、その驚きによって、それでも数独さんを自分の分身だと感じるのをやめられない自分に動揺するのだった。

第八章
メンヘラな姫野桂さん

「メンヘラ」という言葉は「2ちゃんねる」で生まれた。当初は、このウェブサイト内の「メンタルヘルス版」に書きこみをよくしている「住民」（ユーザーのこと）を指していたようだけれども、次第にメンタルヘルスに問題を抱える当事者が、広くメンヘラと呼ばれるようになっていった。

メンヘラを精神疾患ごとに分類すれば、多様な病気の名が挙がるだろう。典型的なのは、境界性パーソナリティ障害だ。母娘関係のねじれや男性からの性被害体験などが原因になって発症し、患者には美人が多いなどと噂されるこの障害があると、自我や対人関係が不安定になるうえに、さまざまなトラウマに翻弄されて、恋人との関係は支離滅裂なものになる。試し行動を繰りかえした末に、自殺未遂をやるなどして、関係が破綻していくのがお決まりのパターンだ。

発達障害を診断されている女性も、しばしばそのような境界性パーソナリティ障害的な「メンヘラ」の相貌《そうぼう》を帯びる。境界性パーソナリティを併発しているのか、発達障害と二次障害の双極性障害などが掛けあわさると、境界性パーソナリティ障害に似た言動が生まれるのかは、よくわからない。いずれにしても、姫野桂さんと話しているときにも、私は彼女に境界性パーソナリティ障害の香りを感じる。

いや、「発達障害を診断されている女性」というのは、不当な言い方だったと反省する。「発達障害を診断されている男性」でも、そのように感じさせる人は多くいる。これでも、まだ不当な言い方かもしれない。はっきり言えば、私自身にもその傾向があるかもしれないと、ときどき感じる。私は「メンヘラ女」の姫野さんに対応する、「メンヘラ男」というわけだ。

姫野さんは注意欠如・多動症、限局性学習障害（の算数障害）、自閉スペクトラム症の傾向を診断されている。診断を受けたのは三〇歳のときで、その初診から診断までの経緯は彼女のデビュー作『私たちは生きづらさを抱えている』（イースト・プレス、二〇一八年）で報告されている。

発達障害者らしい逸話を披露してほしいと依頼すると、最初に就職した建設会社での出来事を教えてくれた。在学中は出版社でアルバイトをしていたから、身だしなみなどの風紀がゆるく、髪を金髪にブリーチしていた。就活にあわせて黒く染めなおしたものの、入社が決まるとまた金髪に戻して、そのまま出社した。そして、こっぴどく叱られた。また出版社では上司を「〇〇さん」などと気安く呼んでいたので、入った建設会社でもそのようにしたのだが、そちらでは「常務」などの肩書きで呼ぶのが一般的で、トラブルを招いてしまった。

心が疼いてやまない話だ。私にも似たような経験がたくさんある。特に若いころはそうだった。姫野さんも私も、不文律を理解しづらく、「KY」な行動を取ってしまう自閉スペクトラム症者なのだ。

私自身に関してよく思いだすのは「食べ歩き」だ。一〇代のころ、大阪の西成やアメリカ村によく遊びに行っていて、それらの地域では街中でものを食べながら歩きまわるのは普通のことだった。一九歳のときに京都に引っ越すと、この街では誰もそのようにしていない。しかし私は食べ歩きの習慣を一〇年以上も保持し、京都のあちこちで歩きながらものを食べていた。二九歳で母校の大学に講師として就職して、そこでも構内で食べ歩きをしていて、とうとう学科の上司から注意喚起をされたという気まずい経験がある。

知的な両親と、国立公園での田園生活

姫野さんは宮崎市で生まれ育った。父親は工業や医療の分野でフリーランス翻訳

家として働いている。母親は小中学校の養護教諭だった。

保育園に通っていたころは、発達障害の特性がそんなに出ていなかった気がすると振りかえる。ひとりっ子だからわがままだ、と言われるのが嫌で、ほしいものを尋ねられても「ない」と答えるなど、両親に気を遣っていた。兄弟姉妹が多い家の子が、店の前で「これ買って」って泣いて暴れるのを見て、子どもながらに「ドン引き」したと語る。兄弟姉妹がいると、自己主張を強力に打ちださないと、なかなかほしいものを手に入れられないということに、最近ようやく思いいたった。

保育園に好きな男の子がいて、バレンタイン・デーにチョコレートを渡したことがある。でも、それが恋愛なのか友情なのかは、まだ判然としなかったと語る。「男の子で選ぶなら、この子かな」というくらいの緩やかな関心だけが芽吹いていた。

小学校では周囲から浮いていた。目立ちたがり屋な一面があって、ひんしゅくを買った。国語の作文が得意で、よく表彰された。「ズッコケ三人組」などが好きで、次第に赤川次郎も読むようになった。他方で算数がまったくできなかった。九九は覚えるだけなので良かったが、そこから先はほとんど理解できない。

このあたりの学習面でも、私と姫野さんはよく似ている。私も国語は得意で、時間があると新聞でも広告でも辞書でも、つねに文字を追いつづける子どもだった。いわゆる活字中毒だ。同時に算数障害の傾向があり、全科目中で算数や数学、あるいは理科で数学的理解を要する分野がちんぷんかんぷんだった。

小学生のころ、姫野さんには毎年のように好きな男子のクラスメイトがいた。クラスが変わると、相手も変わる。小学五年生のときに性の目覚めがあったという。なんとなく体を触っていて、オナニーを偶然に覚えた。何かを思いうかべてする、ということはなかった。他者との性行為は、意識の埒外にあった。

小学六年生のときに母親の転勤が決まり、宮崎の南の端にある農村部に母親とふたりで移住した。父親は宮崎市内から一週間に一度程度、通ってくれた。全校生徒は五名のみだった。母親も同じ小学校に勤めたから、二四時間ずっと母を意識する状況が生まれる。持病のアトピーが悪化し、リストカットをするようになった。

母親は過干渉な人だった、と姫野さんは振りかえる。姫野さんの鞄の中身は、つねに母の監視対象だった。友だち作りのために、学校で飴を配ったことがあったが、包装紙を見つけられてしまい、母親にすべて没収された。私の母も同じような感じだった。いちばん上の子どもだった私は、何事も母から過剰に詮索されて対立するようになり、私の妹は女同士ということで、やはり母と独特の葛藤を抱えていた。

利発で容姿にも恵まれた弟が、家族みんなの救いだった。妹と弟がいて、それで母との関係をやわらげることのできた私に対して、姫野さんはひとりっ子だったから、相当つらかったと想像する。

姫野さんと対話を重ねていると、「ダウナー系」という言葉を思いだす。これは、周りの人の気分をあげる人を意味する「アッパー系」の対義語で、話しているとなんとなく気分がさがってくる人のことだ。私自身もかなりダウナー系を自認しているので、やはり姫野さんと私は「メンヘラ女」に「メンヘラ男」ということなのだろう。私と姫野さんの対話を聞いた人は、空気の澱《よど》んでいるような印象を受けるのではないか。少なくとも私はそのようなことを気にしながら、オンラインで対話していた。

しかし、その「ダブル・ダウナー空間」は、私にとってそれほど悪いものではなかった。その空間に浸っていると、すべてが水のなかにあるかのような感覚が、濃度を増してくる。浮遊しているような、混濁しているような、惑溺しているような、解体していくようなあの感覚が立ちあがってくる。

いずれにせよ、私も姫野さんも、発達障害者という属性のほかに、アダルトチルドレン（機能不全家族の出身者）の属性がある。家庭の問題、特に母親との関係に発端があることで、私と姫野さんは似たような精神的風景を共有しているのではないかと推測される。

転居すると、姫野さんと母親は、国立公園の内側に建つ教職員の住宅に居住した。街中では得られない自然との交流は、姫野さんの脳裏に楽しい記憶として刻まれた。野生動物をたくさん眼にすることができた。畜産をやっている隣人が多く、良質な和牛肉を安く譲ってもらって食べた。探検に行き、野生のキイチゴやアケビを集めて頬張った。懐かしい記憶の数々だ。

姫野さんには、自閉スペクトラム症の特性の作用だろうけれど、うまく融通を利かせられないところがある。たとえば帰宅したら宿題を終わらせないと遊んではいけないというマイルールを持っていた。それ自質な良性の規範かもしれないけれど、困るのは柔軟な運用ができないということだ。学校には、とある女性の事務員が勤めていて、親しくなった姫野さんは裁縫を習うことにしたのだが、宿題が終わらずに約束をすっぽかしたことがあって、母親から相手の女性は楽しそうに待っていたのにひどいことをして、と叱られた。母親と家事を分担していたが、物忘れが激しいために、洗濯物を取り入れるのをほとんど毎日こなせなかった。

進学校へ編入し、性と文学に目覚める

中学校は、隣町に立地していた。全校生徒は少し増えたが、それでもわずか一六名だった。一学年が五人程度ということになる。通学路は坂道になっていて、行きは四〇分だったが、帰りは二時間もかかる。だから下校の際は、母親や父親が運転する車に自転車を積んでもらって帰宅した。

学校は小規模なコミュニティで、自分以外は昔からの顔馴染みばかりだった。「勉強のこの科目なら〇〇がいちばん、運動なら××がいちばん」といった序列がすでにできあがっていたのだが、よそ者の姫野さんが加わって、序列がめちゃくちゃになった。「ぜんぶ一位になっちゃったんです。数学だけできなかったけど、それでも勉強は一番。模試では市で上から二番めの成績でした。足も私はすごく速くて」。人気者になるのではなく厄介者扱いされ、友だちができないまま、日々を送った。

中学二年の夏休みに、母親の三年間の転勤が終わる直前、姫野さんだけ父親のいる宮崎市の実家に戻った。編入試験を受けるために、夏休みのあいだは塾に通った。

その塾から地元の男子大学生が家庭教師として派遣されてきたのだが、性被害を受けてしまう。授業をしているときは平然としているのに、授業のない日にわざわざ電話をかけてくる。「いま何してるの？」と尋ねられた。「おやつを食べてるの？それも良いけど、オレのちんこも食べてよ」。姫野さんは「うわあ」と思った。相手が頻繁に電話をかけてくるため、母親も怪しいと睨み、その彼は家庭教師の担当を外された。

実家の近所にある中学校への編入に成功し、二学期から通うことになった。中高一貫の共学で、県でトップの進学校だ。勉強さえできればどんな格好でも黙認されていたので、イケてる女子たちは化粧し、スカートを短くしていた。姫野さんも真似たかったが、母はもちろん許さなかった。自然に姫野さんはダサいと見なされる。話しかけてくれたのは、オタク系の女子たちばかりになった。だが、当時の姫野さんにはマンガやアニメがぜんぜんわからない。夢中になっていたのはＧＬＡＹをはじめとするヴィジュアル系バンド。中性的で、化粧が似合いそうな男性も好みだった。田園の小さな世界を離れたことで、ひさしぶりに好きな男子ができた。

父親の書斎にはたくさん本が並べられていて、それらをめくっていると、文学の世界への扉が開いた。『限りなく透明に近いブルー』『コインロッカー・ベイビーズ』『トパーズ』などを読んで、村上龍のファンになった。そのころにデビューした金原ひとみの『蛇にピアス』に夢中になって、自分も小説家になりたいと夢見はじめた。パソコンを使って、よく「2ちゃんねる」を利用した。

学校ではオタク女子たちのほか、スクールカーストの中間層とも交流が生まれていた。「女の子向けのエロマンガが出始めたころです。友だちに貸してもらって、それをおかずにオナニーしてました。好きな男の子を思いうかべながら、やったこともあります」。

中学三年生のとき、「彼氏がほしい」と考え、出会い系サイトを使っている友だちに頼んで、一八歳の男性を紹介してもらった。相手は大学を浪人中の人だ。初めての恋人に舞いあがってしまったが、自分のタイプではなく好きでもなかった。親にバレて、妊娠の危険性などを説教され、別れることになった。身体的な接触は何もないまま関係は終わった。

エスカレーター式で高校に進学し、一年生のときに、陸上部の先輩に告白して、初めての「彼氏らしい彼氏」ができた。カラオケやボーリングに行ったが、キスすらしなかった。奥手な相手だったらしく、三カ月で関係は途切れた。彼が高校三年生になり、受験勉強に専念したいと伝えてきたのだ。

高校時代に好きだった作家は吉本ばなな、村山由佳、山本文緒たち。音楽はひきつづきGLAY、そして椎名林檎。書くことが楽しく、ブログを始めると、学校内に知れわたって、いじめっぽい出来事を体験した。ブログのなかで「ちょいーんす！」という独自の挨拶を用いていたのだが、それを嘲笑う同級生がいた。

リストカットはずっと続けていた。いまでもリストカットは完全にやめられておらず、包丁で手首を切ってみることもあるという。

上京からの初体験、そしてバンギャに

指定校推薦で東京の女子大学に進学し、九州を離れた。趣味通りに専攻を選び、日本文学科に入ることができたのは良かった。選んだ専門のゼミは近現代文学だ。

宮崎では民放が二局しか入らなかったため、東京に移ると、在宅中はずっとテレビを観つづけていたという。発達障害者らしい過集中、あるいは嗜癖への依存か。

私は「ある意味、テレビがいちばん豪華ですからね」と謎のコメントを口にした。

私はふだんテレビをいっさい観ないのだが、それだけに旅行中はホテルでテレビを楽しむことにしている。稀にしか観ないから、観る番組はどれも鮮烈で、なんだか

夢中になってしまうのだ。それに似た楽しさを姫野さんも経験したのだろうと思うと、不思議に興奮した。

姫野さんはテレビ生活に三カ月で飽きて、共学の大学のインカレ・サークルに入った。ヨーロッパ系の民族舞踊に親しむサークルで、内容に興味はなかったが、練習が終わると「飲みサー」に転じるのが魅力的だった。人間関係が不得意な発達障害者は、それだけに人間関係に飢えている。しかし問題なのは、姫野さんを含めて多くの注意欠如・多動症者にアルコール依存の傾向があることだ。限度を考えずに飲んでしまう人が多く、健康被害に発展することは稀ではない。私もアルコール依存の治療に通ったことがある。

姫野さんは大学一年生の途中から、大学院生の男性との交際を経験した。「ただ彼氏がほしいからっていう理由です。近づいてきた人とつきあっただけ。ぜんぜん好きとかではなかった。同じサークル内に元カノがいて、童貞と処女だったらしいんですが、相手が痛がってセックスできなかったって。だから私のときも童貞と処女の交際でした。私も痛くて痛くて。何回かトライして、やっとなんとか。二度とやりたくないって思いました。まわりの普通のカップルが、みんなこんなことをしてるのかって驚きました」。

いかにも発達障害者らしい姫野さんの明け透けな語りに感動しながら、私も自分が童貞として、相手が処女として交際したときの大学時代の恋愛を思いだしてしまう。彼女もひどく痛がっていたが、我慢してくれたことをいまでも感謝している。姫野さんもよく頑張った。

現代日本の多くの若い男性と同じく、姫野さんの恋人も、性の教科書はアダルトビデオだった。彼が好む作品を観せられたが、姫野さんには気持ち悪くて受けいれられなかった。「趣味が悪いんです。フィストファック（握り拳を女性器に挿入する性行為）とか」。私はつい笑ってしまい、「童貞がフィストファックに憧れると、初体験が厄介なことになりそうですね」と余計なことを指摘した。バランスの取れたコミュニケーションが、いつも難しい。

姫野さんは大学二年の途中でサークルをやめ、その相手とも一年間ほどの交際期間を終えた。それからの姫野さんにはヴィジュアル系のバンドの追っかけ、いわゆる「バンギャ」としての生活が開かれた。「メトロノーム」というバンドが大好きで、そのメンバーのひとりが「本命」の相手。その人物の魅力がどこにあったのか教えてほしいと請うと、「キャラクターが良くて。芸人っぽいおもしろさがあったんです」とのこと。大学時代は、このバンドと彼にどっぷりハマっていた。

バンギャとしての活動資金源を尋ねると、仕送りのほかにアルバイトをやっていたと教えてくれた。一年生の五月から、近所の酒屋のレジ打ちや贈答品の包装を務めた。「でも最後の精算のときに、しょっちゅう金額が合わないんです。手先が不器用だから、お中元の品物の梱包なども、うまくできなくて」。結局、しばらくしてから、このアルバイトはやめた。家庭教師をやるようになって、こちらは卒業まで続けることができた。中学生や高校生の女子に教えるのが楽しかった。

アルバイトのうち、大学二年生の途中から始めた出版社での仕事には、かなりの影響を受けた。神保町の小さな出版社に勤め、卒業まで続けた。社内では超大手出版社のタウン雑誌の下請けを担った。姫野さんが飲食店に電話して、取材のアポイントメントを入れる。相撲の勝敗などを調べて、その資料をもとにして、プロのライターが記事を執筆する。ウェブサイトの更新も担当した。夏には花火大会特集など、冬にはイルミネーション特集などが組まれるので、実施日の三日前に実行委員会に電話して、決行か、延期か、中止かなどの情報を得て、情報を更新する。書き手にゲラを届けに行くこともあった。作家になりたいと考えていた姫野さんには、充実感を味わえる業務内容だった。

アラサーになった不安で性的に奔放に

発達障害者はだいたいそうだが、姫野さんも就職戦線で苦戦した。焦りが高じて、二一歳のときに摂食障害（拒食症）にかかってしまう。どうにかこうにか、本章の初めでふれた建設会社に受かった。ほかに就職先の選択肢はなかった。バス会社にも受かっていたが、こちらは給料が安過ぎて、ひとり暮らしを続けるのは無理だと判断し、採用を辞退した。両親がいる宮崎にはどうしても帰りたくなかった。

二三歳のとき、短編小説を書いて、応募件数が少なさそうな文学賞に応募したところ、みごとに最終選考まで残った。姫野さんの心のなかに、自信がむくむくと湧きあがった。バンギャの友だちからライターのRさんを紹介してもらったことが転機になる。作家になってもなかなか稼げるようにならないけれど、ライターならば原稿を書けば必ず対価を得られる。それで生活していこうと考えるようになり、会社をやめる算段をした。

あいかわらずバンギャだったものの、社会人になってからは、もっとファンダムの規模が小さいバンドの方が良いと計算した。メンバーとの距離が近くて、親密になりやすい。そうして、意中のバンドマンを射止めることができた。私は不躾《ぶしつけ》にも、「ふだんその人はメイクをしてないんですよね？　その顔はＯＫなんですか」と尋ねた。「もとの顔が良い人だったのでＯＫでした」と姫野さんは答える。念のため姫野さんの好みのタイプを尋ねると、「坂口健太郎」と答えたので、「普通のイケメンだな」と判断し、私にはおもしろみが感じられなかった。「でもその人とはいろいろ合わなかったんです。性格の不一致っていうのがいちばんの理由ですね。私はずっと一緒にいたいっていうくらい好きだったんですけど、あっちはそういうのじゃなくて。最終的にガールズバンドの子に告白されたからつきあおうと思うって言われて、一年半くらいで終わりました」。

姫野さんは二五歳で、建設会社を退社した。在職中は、朝なかなか起きることができず、納得できない規則に従うことにつらさしかなかった。自分でも発達障害を自覚しておらず、社内の「空気」がうまく読めない。そして、算数障害があり、経理担当の仕事内容は合っていなかった。

退社後は、出版社が主催しているライター養成講座に半年ほど通って、技術を磨くことができた。講座終了後に一緒に仕事するのを見越して、半年で格安の九万円という受講料が設定されていた。修了証を受けとると、その会社の受講生に依頼された仕事をもらえるようになり、書く仕事にありついた。

ライターになれたことは良かったとはいえ、アラサーになった不安などから、騒いで気持ちをまぎらわせる機会が増えだした。そして性的に乱れた。本章のこれまでの記述と、以前の章に登場した人々と比べてもらえれば、読者も容易に同意してくれると思うのだけれど、姫野さんはけっして根っから性的に奔放な人というわけではない。むしろ文学少女だった経験から、サブカル的なものやアングラ系への関心がふくらんでいたことが、性的冒険を導いたのだと私は推測する。いずれにせよ、二〇代の後半には姫野さんはかずかずのアヴァンチュールを体験した。

二七歳のときには、ハプニングバーで乱交パーティーにのめりこんだ。最初は刺激的に感じたものの、姫野さんはいかにも注意欠如・多動症者らしく飽きっぽいから、すぐにつまらなく感じるようになったと語る。

私は眼を閉じて「さもありなん」と思った。私自身は乱交パーティーに参加したことは一度もないのだが、多人数のイベントというだけで気を遣うのは不可欠で、まるで気が進まない。自分の体の締まりのなさを多人数に見られるのもストレスを感じるはずだ。姫野さんによると、そのハプニングバーは最近摘発されたそうだ。

例のバンドマンと別れてから、姫野さんには長らく恋人ができなかったが、セフレはつねにいた。セフレたちに限っては、バンドマンでなくても良かった。マッチングアプリで婚活を試みたけれど、うまく行かなかった。二八歳のときには、風俗嬢も経験した。これらの過激な体験は、エッセイ集『生きづらさにまみれて』（晶文社、二〇二一年）で公表していて、私も「よくここまで書くものだ」と感心しながら読んだ。

朦朧とした脳は、いつも覚醒を求める

私は職業柄、文学部出身者の卒業論文に関する話題を非常に好んでいる。姫野さんの大学の卒論について訊いてみると、当初は谷崎潤一郎の『痴人の愛』を選びたかったのだが、そちらは研究がかなり進んでいるため、新しい見解を提示しづらいと判断したと語る。そこで原点のひとつとも言える金原ひとみの『蛇にピアス』を選んだ。

横道：たしか姫野さんもピアッシングをするんですよね。

姫野：はい。たくさんあいています。

横道：私は痛みに弱いので、怖いとしか思えません。

姫野：私も痛みには弱いんです。自分であけるスリル感ですね。拡張もやっていて。

横道：拡張とは？

姫野：ピアスの穴を拡張することです。

横道：何が楽しいのでしょう？

姫野：人体改造をしているっていう快感です。拡張するときって痛いんですね。その痛みを我慢したらオシャレになるって。

横道：将来出産する場合、無痛分娩は選ばないということですか。

姫野：いいえ、それは無痛が良いです。それは別の話なんです。ピアッシングは自分でやるからすっきりします。リストカットもそうです。

横道：なるほど、単純に受動的な痛みは耐えられないけど、能動的な痛みは別なんですね。

注意欠如・多動症があると、朦朧としながら生きていることが多い。そのため脳はいつも覚醒のときを求めている。私の場合は、サウナ遊びをよく利用する。暑いサウナ室で汗を流して、そのすぐあとにキンキンに冷えた水風呂で体を冷却する。サウナ室と水風呂を何度か往復する。そうして頭が冴えわたり、植物になったような涼やかな感覚を味わえる。しかし、痛みを利用して覚醒したいとは思わない。たいていの人がそうだろうけれど、私自身もそうだ。

そう思っていると、私は過去に一度だけ男性同士で性交渉をしたことがあり、そのときのことを参照するべきではないかと気づいた。あのときは男根を肛門に挿入されて、激痛で苦しいのだが、しばらくするとゾクゾクするような微弱な快感がやってきた。おそらくそれが、姫野さんのピアッシングやリストカットに対応しているのかもしれない。私の快感は小さかったが、経験を重ねると、前立腺もうまく刺激されるようになるだろうし、それに合わさって、自発的に選択した痛みが強い快楽を届けてくれるようになるのかもしれない。処女だったときの姫野さんが膣に男根を挿入されたときは、女性として受け身の立場にいたから、たんに苦痛で不快な体験でしかないものだったということではないのか。いろいろ思考をめぐらせたが、結論は出なかった。

姫野さんは、長年拒食系の摂食障害に苦しんできた、コロナ禍をきっかけとして、過食嘔吐系の摂食障害に移行して、それでいまも苦闘している最中にあるそうだ。

それでも良いことはあった。三三歳になって、ひさしぶりにセフレでなく恋人を作ることに成功したのだ。それから一年半ほど交際し、生活を共にしている。恋人だから、彼もやはりヴィジュアル系のバンドマンでなくてはならなかった。

良いことはほかにもある。『生きづらさにまみれて』を母親が読んでくれて、姫野さんの気持ちを斟酌《しんしゃく》してくれ、関係が劇的に改善した。このことについて姫野さんの声は弾む。私には心底うらやましい話だ。私の母親も、拙著『みんな水の中』を読んでくれたものの、私にとって、それは発生してほしくない苦痛な出来事だった。母親と私は数年前から没交渉だが、私にメールを送ってきたり、LINEでつながろうとしてきたり、ツイッターで私のアカウントをフォローしてきたりした。私はそれらを繰りかえしブロックした。自分でも残念なことだけれど、私の心は母をまだ受けいれていない。

このインタビューを実施した日、姫野さんは集英社の読み物サイト「よみタイ」で約一年にわたって連載していた『ダメ恋やめられる!?』の連載を終えて、電子書籍として出版するための作業をしていると教えてくれた。本書と同じく発達障害者のセックス問題に迫っているとはいえ、女性たちに焦点を絞っていることや、姫野さんと私の興味関心の違いから、あるいは思想や哲学の差異から（?）、本書とはずいぶん違った味わいの本に仕上がっている。

私は姫野さんの担当編集者から依頼されて、「よみタイ」にその『ダメ恋やめられる!?』について書評を書いた。姫野さんを私と同じく、発達障害に関する書き手として、現在のフロントランナーに位置づける内容だ。競いあいながら末長く、ともに走っていければ良いと思う。

おわりに

読者の皆さんは、ここまで本書をどのように読んでくれただろうか。そんなにのめりこめなくて、パラパラと流し読みをしただけならば、深い感慨はないと思う。でも腰を据えて読んでもらえれば、きっとのめりこんでもらえるし、じっくり読みすすめることで、長い旅を経験したような感覚を得てくれたと思う。

この本を気に入ってくれた人は、きっと発達障害者たちそれぞれの体験世界を、そして筆者がインタビューと執筆をつうじて感じてきた浮遊と混濁と惑溺の感覚を、共有してくれているのではないか。そして「ひとつにならない」という本書の書名について何かを感じているかもしれない。私のほとんどの本は、私の体験世界を読書と共有するために作られているが、この本は仲間たちの体験世界を私という伝達機をつうじて届けたいという思いで書きすすめた。

この本を作っているあいだ、長いトンネルをくぐりつづけているように感じていたのも事実だ。初めにセックスをテーマに設定してしまったとはいえ、筆者は昔風に言えば「根暗《ねくら》」、最近風に言えば「陰《いん》キャ」な男だから、この本が明るくハッピーに性を謳歌するものにならないことは最初からわかっていた。そして実際、仲間にインタビューをするごとに、対話の喜びを感じつつも、結果的には自分の暗い人柄が新たに暗く塗装されていくような感じがしたものだ。

だが、それは不思議に、どうしても進んでいかねばならない行程とも感じられた。それでいてなんとかして避けたい、そこから逃れたいという執筆作業にはならなかった。仲間たちからセックスの話を聴きながら、発達障害者の人生について改めて考え、人間の脳と性の多様性について思いを馳せた。それは最終的に、筆者の心に一条の晴れやかな明るさをもたらした。読者も、そのような明るい気分を最終的に得てくれるとうれしい。

本書の作業が終盤に入っていた二〇二二年一〇月一二日、第一章の取材に協力してくれたラガーさんが、この世を去ったと教えられた。私は、自分の魂が心細く震えるのを感じた。そしてラガーさんを偲び、その思い出のために、本書を捧げたいと思う。ラガーさんも含めて、本書の当事者はそれぞれにサバイバーたちだ。そのようにしてセックスの問題と人生を交差させて生きている人たちに対して読者が切なさを感じ、発達障害の有無を超えて、人生の重さを思ってくれるとうれしい。

この本のジャケット画は、以前から交流しているマンガ家の崇山崇《たかやまたたり》さんの短編作品「わたしの姉はひきこもり」を使わせていただいた。本書のテーマを的確に表現していると思う。装丁は私のその思いを汲んでくれた森敬太さんが手がけてくれた。すばらしいデザインによって、本書は装われた。編集者の島村真佐利さんには最大の感謝を捧げる。どうか多くの読者に愛される本になってくれますように。

横道誠

二〇二二年一二月

ひとつにならない　発達障害者《はったつしょうがいしゃ》がセックスについて語《かた》ること

二〇二三年一月三〇日　第一刷発行

著者：横道誠／表紙イラスト：崇山祟（「わたしの姉はひきこもり」〔初出：電脳マヴォ〕より）／ブックデザイン：森敬太（合同会社 飛ぶ教室）／発行人：永田和泉／発行所：株式会社イースト・プレス

〒一〇一-〇〇五一 東京都千代田区神田神保町二-四-七 久月神田ビル Tel.〇三-五二一三-四七〇〇 Fax.〇三-五二一三-四七〇一 https://www.eastpress.co.jp／印刷所：中央精版印刷株式会社／
ISBN 978-4-7816-2152-4